Maria Madalena
na Montanha de Sainte-Baume

Dados Internacionais de Catalogação na Publicação (CIP)
(Câmara Brasileira do Livro, SP, Brasil)

Leloup, Jean-Yves
Maria Madalena na Montanha de Sainte-Baume : a vida de uma mulher eremita, selvagem e angelical / Jean-Yves Leloup ; tradução de Karin Andrea de Guise. – Petrópolis, RJ : Vozes, 2014.

Título original francês: Marie Madeleine à la Sainte-Baume : la vie de cette femme ermite, sauvage et angélique.

Bibliografia.

4ª reimpressão, 2025.

ISBN 978-85-326-4782-5

1. Maria Madalena, Santa 2. Santas cristãs – Biografia I. Título.

14-02580   CDD-226.092

Índices para catálogo sistemático:
1. Maria Madalena, Santa : Evangelhos : Biografia 226.092

JEAN-YVES LELOUP

Maria Madalena
na Montanha de Sainte-Baume

A VIDA DE UMA MULHER EREMITA,
SELVAGEM E ANGELICAL

Tradução de Karin Andrea de Guise

EDITORA VOZES

Petrópolis

© 2012, Jean-Yves Leloup

Tradução do original em francês intitulado *Marie Madeleine à la Sainte-Baume –*
La vie de cette femme ermite, sauvage et angélique

Direitos de publicação em língua portuguesa:
2014, Editora Vozes Ltda.
Rua Frei Luís, 100
25689-900 Petrópolis, RJ
www.vozes.com.br
Brasil

Todos os direitos reservados. Nenhuma parte desta obra poderá ser reproduzida
ou transmitida por qualquer forma e/ou quaisquer meios (eletrônico ou mecânico,
incluindo fotocópia e gravação) ou arquivada em qualquer
sistema ou banco de dados sem permissão escrita da editora.

CONSELHO EDITORIAL	PRODUÇÃO EDITORIAL
Diretor	Anna Catharina Miranda
Volney J. Berkenbrock	Eric Parrot
	Marcelo Telles
Editores	Mirela de Oliveira
Aline dos Santos Carneiro	Natália França
Edrian Josué Pasini	Priscilla A.F. Alves
Marilac Loraine Oleniki	Rafael de Oliveira
Welder Lancieri Marchini	Samuel Rezende
	Verônica M. Guedes
Conselheiros	
Elói Dionísio Piva	
Francisco Morás	
Teobaldo Heidemann	
Thiago Alexandre Hayakawa	
Secretário executivo	
Leonardo A.R.T. dos Santos	

Editoração: Fernando Sergio Olivetti da Rocha
Diagramação: Sandra Bretz
Capa: Marina Ávila
Ilustração de capa: A lenda diz que Maria Madalena,
recolhida em uma gruta de Provença, foi alimentada pelos anjos celestes. Pintura
sobre vidro, séc. XIX.
Museu de Belas Artes de Épinal, França. Prud'Homme/Kharbine-Tapabor.

ISBN 978-85-326-4782-5 (Brasil)
ISBN 978-2-35490-076-2 (França)

Este livro foi composto e impresso pela Editora Vozes Ltda.

Sumário

Introdução, 7
Karin Andrea de Guise

1 Arqueologia e Tradição: de Saint Maximin e de Sainte-Baume, 19

2 A árvore do portal, 33

3 No caminho rumo à "gruta dos ovos" ou a entrada no "santuário da Deusa", 40

4 A Montanha de Sainte-Baume "antes" da história, 49

5 A portadora da mirra, 61

6 A caminho rumo ao topo da montanha, 68

7 Um caminho de alegria – Rumo à gruta da compaixão, 72

8 A vida selvagem e a vida evangélica de Míriam de Magdala na Sainte-Baume, 85

9 Eva Angélica, 94

10 Os animais, 100

11 Os pensamentos, 106

12 A lâmpada, 109

13 Desejo e gratidão, 112

14 Amar, 118

15 Nascimento no céu e descida à terra, 127

Fim, 133

Introdução

Karin Andrea de Guise

Será que Jean-Yves Leloup ainda tem algo a nos ensinar a respeito de Maria Madalena? Ele já não disse tudo, já não escreveu tudo? Haveria ainda algum aspecto da "mulher incomparável" que lhe teria escapado? Não foi ele quem, ao tirá-la das bibliotecas dos especialistas, tornou conhecido "no mundo", particularmente do outro lado do Atlântico, o Evangelho de Maria e, em seguida, o Evangelho de Felipe, que servirão de inspiração, para o melhor e para o pior, a inúmeros romancistas profissionais, além de teólogos e filósofos amadores? Sua leitura arquetípica dos evangelhos devolveu a muitos o gosto de estudá-los.

Quando lhe perguntam "qual o interesse em traduzir e comentar esses textos frequentemente obscuros e recalcados do cristianismo", ele responde:

> Antes de tudo, há o interesse histórico: é preciso ter um mínimo de honestidade para procurarmos saber de onde viemos, quais são as nossas fontes, nossas referências.
>
> Quais são as fontes, os textos fundadores do cristianismo, das igrejas e da nossa civilização?[1] O cristianismo é uma religião, se não desconhecida,

---

1 O interesse histórico que dispensamos às nossas origens e aos textos fundadores poderiam ser um canteiro de obras ecumênico apaixonante: ortodoxos, católicos romanos, protestantes poderiam unir suas competências diversas nesta obra comum.

ao menos malconhecida, sobretudo quanto às suas origens. O que conhecemos é a história das Igrejas, das suas grandes realizações, mas também das suas guerras ou cruzadas, por vezes do seu obscurantismo e inquisições.

O contato com nossas origens nos situa em um espaço de liberdade, de não dogmatismo, de assombro diante do acontecimento constituído pela pessoa, os atos e as palavras do Mestre e Senhor galileu; assombro e liberdade para interpretarmos sua pessoa, seus atos e suas palavras como fator de evolução, de transformação e de despertar para cada pessoa e para todos aqueles que nele creem.

De um ponto de vista antropológico, esses evangelhos nos lembram a importância do *noùs*, essa fina ponta da psique, capaz de silêncio e de contemplação (*gnosis*); eles nos lembram igualmente a importância da imaginação (cf. *O Evangelho de Maria*).

Cornelius Castoriadis, no seu livro *Figures du pensable*[2], indica que a imaginação é aquilo que diferencia o homem dos outros animais que são, como sabemos, capazes de pensamento, de cálculos e de memória: "Definimos os seres humanos, antes de tudo, não pelo fato de eles serem racionais, mas pelo fato de eles serem providos de imaginação".

A imaginação situa-se na raiz do humano: sociedades, instituições, normas políticas e morais, filosofias, obras estéticas e o que as ciências nos ensinam hoje em dia: tudo isso é resultado da imaginação.

Uma grande ideia deriva do reconhecimento da importância da imaginação: os homens e as sociedades podem mudar. Para Castoriadis, foi na Grécia Antiga que, pela primeira vez, os homens se deram conta da origem imaginária das grandes significações que estruturam a vida social.

---

2 CASTORIADIS, C. *Figures du pensable* [Figuras do pensável]. Paris: Le Seuil, 1999.

Desta descoberta brotou a política, ou seja, o fato de colocarmos em questão as instituições existentes e sua mudança através de uma ação coletiva deliberada, e a filosofia, ou seja, colocar em questão as representações e as significações instituídas e sua mudança através da atividade reflexiva do pensamento.

Teríamos que acrescentar a poesia e a espiritualidade, ou seja, colocarmos em questão o real percebido apenas através dos sentidos e da razão, excluindo todo tipo de afeto ou intuição; dito de outra maneira, o mundo objetivo indene do Sujeito que o percebe, ou, mais exatamente, o interpreta e o "reconta". Só existe história humana ou cósmica quando um imaginário está presente para narrá-lo ou recontá-lo.

Se esse imaginário não for mantido vivo, não haverá mais história a ser contada, as instituições ficarão esclerosadas e dogmatizadas, sua objetivação tomará ares de absoluto. Se o imaginário estiver engessado ou parado, não haverá mais, então, criação possível e, consequentemente, não haverá mais democracia possível, ciências, artes e poesia possíveis. Se faltar imaginação aos homens, como eles encontrarão uma saída àquilo que lhes acontece?

Assim, uma das funções desses textos inspirados é a de estimular nossa imaginação ou mais precisamente nossa faculdade de interpretação, pois, se "o homem está condenado a ser livre", é porque ele está condenado a interpretar. Nada, nem no mundo, nem no "Livro", possui um sentido *a priori*, cabe ao homem dar-lhe um sentido e é desta maneira que ele participa do ato criador[3].

Da "Imaginação Criadora", diria Jean-Yves Leloup, pois, para ele, foi a Imaginação Criadora quem inspirou os "textos sagrados", dando a seus autores tanto as imagens

---

3 Cf. LELOUP. J.-Y. & GUISE, K.A. *Les profondeurs oubliées du christianisme* [As profundezas esquecidas do cristianismo]. Paris: Du Relié, 2007.

quanto as palavras e os conceitos que encontram seu desfecho apenas na leitura igualmente "imaginante" daqueles e daquelas que os acolhem:

> Ao lermos os textos evangélicos, estamos sempre em presença de uma subjetividade hermenêutica. Isso nada infere na "verdade" e inspiração que estão em sua origem, mas devemos ser claros sobre qual tipo de verdade se trata.
>
> Os evangelhos, assim como os outros livros da biblioteca hebraica (a Bíblia), não são livros de histórias ou livros de ciências, eles não "descrevem" fatos, eles os interpretam; eles se esforçam, através de imagens, mitos, símbolos, parábolas e, por vezes, conceitos, a dar um sentido "àquilo que aconteceu" em um dado momento no tempo e no espaço...
>
> Desta maneira, os evangelhos, assim como os outros livros da biblioteca hebraica, não nos transmitem nenhuma "verdade" científica ou histórica (não é o seu "estilo", não encontraremos nesses textos nem equações, nem demonstrações lógicas, nem processos verbais...).
>
> Os evangelhos transmitem uma verdade não objetiva, uma "verdade viva", a do Sujeito ou do Espírito que "reage" aos acontecimentos e os interpreta; na melhor das hipóteses, segundo a cultura e segundo seu coração, e na pior das hipóteses, segundo seus *a priori* e a ideologia do poder que ele quer instaurar ou defender.
>
> Por que opor o mito à história? Certas personagens históricas tornaram-se mitos, mitos que por vezes esmagam a personagem histórica e as relega a um segundo plano.
>
> Por trás do mito de Dom Juan, quem se importa com o "verdadeiro" Dom Juan? Hoje em dia dizemos que ele "sem dúvida, existiu", que ele viveu próximo de Sevilha, assim como Carmen... Da mesma maneira, diremos que Judas "sem dúvida, existiu..." ela era da Judeia, talvez um zelote da família de Herodes...

O mito do traidor, o cenário arquetípico dos evangelhos, nos fazem esquecer que houve, "sem dúvida", um Judas real, que ele era "um dos doze" escolhidos por Yeshua... Muito também já foi falado sobre Míriam de Magdala, como se esta fosse uma personagem "construída" a partir de um determinado número de mulheres que seguiam Yeshua; ela também foi arrebatada pelo arquétipo e é como arquétipo que ela está viva até hoje, após ter atravessado os séculos"[4].

No livro *Une femme innombrable*[5], ao acompanhar de perto os textos evangélicos, oficiais e rebeldes, reconhecidos e malconhecidos (canônicos e apócrifos), foram os diferentes aspectos ou os diferentes climas do arquétipo de Maria Madalena que Jean-Yves Leloup seguiu: "O tênue fio que liga as mulheres únicas e incomparáveis encarnadas por Míriam de Magdala, da cortesã à Sofia, é o desejo, o desejo persistente e frágil que não ignora nenhum dos climas do humano, do mais carnal ao mais espiritual.

É desta forma que Míriam de Magdala pode ser considerada como o arquétipo feminino do Anthropos, aquela que através das metáforas do seu desejo realiza sua inteireza e sua paz[6].

---

4 Ibid., p. 21, 22, 23.

5 *O romance de Maria Madalena*: uma mulher incomparável. Op. cit.

6 *Shalom*, "a paz" em hebraico, de onde tem origem a palavra Shulamite ou Sulamita (a bem-amada do Cântico dos Cânticos), quer dizer "estar inteiro". Nós não estaremos em paz enquanto não estivermos inteiros. Tudo aquilo que não é assumido não é transformado.

Míriam de Magdala ou as metáforas do desejo

1) O desejo alienado e desorientado; ou o arquétipo da mulher possuída (prostituta) pecadora.

Evangelho de Lucas 8,1-3
Evangelho de Lucas 7,36-40

2) O desejo reconhecido e libertado; o arquétipo da mulher cujo amor purifica e cumpre a Lei.

Evangelho de Lucas 7,40-50

3) O desejo apaziguado; ou o arquétipo do feminino como capacidade contemplativa, escuta do Logos em uma postura silenciosa.

Evangelho de Lucas 10,38-42

4) O desejo compartilhado ou o arquétipo do feminino, como amiga, noiva, esposa do masculino e do Logos.

Evangelho de Felipe 61,32; 65,55; 66,60; 72; 76.

5) O desejo é uma força que desperta e reanima os mortos; ou o arquétipo do feminino como compaixão e intercessão.

Evangelho de João 11,1-46

6) O desejo como pressentimento e profecia; Míriam ou o arquétipo do feminino sacerdote e profeta, ela consagra e anuncia, ela "unge" aquele que deve morrer (o Rei, o Messias).

Evangelho de João 12,1-8

7) Um desejo que não poupa o fracasso, a dor e a morte; Míriam ou o arquétipo da "parteira" que acompanha o novo nascimento, a agonia, a morte.

Evangelho de João 19,25
Evangelho de Mateus 27,55

8) Um desejo que não poupa o luto; Míriam ou o arquétipo do feminino que se inclina sobre o vazio e constata a falta.

Evangelho de João 20,11-13

9) O desejo, seu objeto perdido e o sujeito reencontrado: Míriam ou o arquétipo da mulher no jardim, ela não tem mais nenhum corpo a reter; ela tem, contudo, alguém a encontrar.

Evangelho de João 20,14-16
Evangelho de Maria 10,15-25

10) Um desejo que dá testemunho da sua visão; Míriam ou o desejo que ensina, o arquétipo da mulher iniciada iniciadora.

Evangelho de João 20,17-18
Evangelho de Maria 10,4-9; 8,15-24; 9,1-20; 17,10-20

11) Um desejo que cumpre: Míriam ou a realização da aliança entre o masculino e o feminino no Anthropos.

Evangelho de Maria 9,16-18

12) Um desejo sem Nome; Míriam ou a santidade do silêncio.

Evangelho de Maria 17,1-7

Todos os arquétipos do feminino anunciados acima, que Jean-Yves Leloup desenvolveu ao longo de diversas obras, são oriundos da tradição escrita. Ele não nos disse nada ainda sobre a tradição oral (apesar dos textos escritos serem fundados, obviamente, na tradição oral).

Como observaram os padres dominicanos durante um recente colóquio na Montanha de Sainte-Baume: "É curioso que, dentre as diversas apropriações contemporâneas da personagem de Maria Madalena, poucas façam referência aos "santuários de Saint Maximin e de Sainte-Baume"[7].

O imaginário contemporâneo teria, no entanto, com que alimentar-se e alegrar-se com as fontes das lendas da Provence (França). Jean-Yves Leloup nos lembra que essas lendas estão fundamentadas em descobertas arqueológicas de ponta e sobre uma das mais respeitadas tradições ancestrais ao longo dos séculos. Ele sente-se próximo dos propósitos da célebre historiadora Régine Pernoud:

> Tendo tido a sorte de viajar longamente pelos cinco continentes, posso dizer que existe um lugar que eu jamais deixarei de ver sem surpresa e sem deslumbramento: a Montanha de Sainte-Baume.
> Há a floresta, único vestígio na França da floresta celta que cobria uma grande parte do nosso país, com essências que não são encontradas em mais nenhum outro lugar. Júlio César, um pouco antes da nossa era, e os revolucionários Barras e Fréron, em 1793, tentaram em vão incendiá-la: o incêndio apenas tocou de leve as margens da floresta. Existe essa imensa e incomparável falésia: uma montanha a pico, ereta, tendo apenas a reentrância da gruta e, ali, no alto, a capela do Saint Pilon, minúscula e inacessível. E, na gruta, os recantos a serem explorados, as riquezas de um passado que desperta pouco a pouco, iluminadas pela inscrição-testemunho deixada por André Chouraqui: "Minha pomba no oco dos rochedos..."
> De tempos em tempos, alguns teólogos com dificuldade para escrever e alguns jornalistas com falta de papel esforçam-se para tentar "provar, descobrir referências que afirmem que Maria Madalena, aquela que foi chamada de "Apóstolo dos Apóstolos", não poderia, não conseguiria, ter ido

---

7 VIVIANO, B.T. *Marie Madeleine*. [s.l.]: Dominicains de la Sainte-Baume, 2007.

à Provence e terminado seus dias na gruta, nesta contemplação mística tão bem simbolizada pelos anjos que levavam sua alma sete vezes por dia ao Saint Pilon. E, no entanto, que Massalia[8], a grega, antes mesmo de Arles, a romana, tenha sido a porta aberta aos evangelizadores do final do primeiro século, não tem nada de surpreendente. Existe algo de mais natural do que o fato de que os documentos escritos que nos transmitiram os relatos sejam tardios? Conhecemos muitos escritos dos primeiros séculos além das deslumbrantes e muito recentes descobertas de Nag Hammadi? O manuscrito mais antigo de um autor tão famoso quanto Sulpício Severo, que viveu no século IV, data de duzentos anos depois, do século VI. A maior parte dos autores antigos de então, mesmo o próprio Cícero, só chegaram até nós através dos manuscritos dos séculos XI e XII.

Certo, todos os eruditos do nosso tempo conhecem as preocupações da hipercrítica típicas do início do nosso século XX e das intermináveis discussões sobre as origens e as dúvidas metódicas que dali advieram. Mas isso também fica para trás quando nos interessamos pelas tradições orais, as únicas válidas no que diz respeito ao passado longínquo. Devemos, sobretudo, suspeitar quando algumas tradições orais são demasiadamente colocadas por escrito; elas possuem o odor da reivindicação. Não há nada de surpreendente no fato de que apenas as tradições orais estabeleçam a vinda de Maria Madalena, Marta e seus acompanhantes à Provence. E nada mais natural que a tradição só tenha sido colocada por escrito no século IX: isso prova, sobretudo, que a tradição não era questionada...

Os sarcófagos paleocristãos descobertos em Saint Maximin, as aquisições da arqueologia, ali, como em outros lugares, confirmam as mais antigas tradições orais. E podemos compreender que perso-

---

8 Antigo nome da cidade de Marselha, antiga colônia grega [N.T.].

nalidades como Lacordaire ou, mais próximo de nós, Charles de Foucauld, tenham ficado surpresos após terem passado uma temporada na Sainte-Baume: existe nesta gruta de recantos impenetráveis uma presença que só passa desapercebida para aqueles que, atentos aos recursos da escrita, permanecem insensíveis às tradições que, em outros séculos, impregnaram o fervor popular e que agora, em nossa época, pedem apenas para renascer[9].

O que conta esta tradição da Provence? É isso que Jean-Yves Leloup vem nos lembrar; ele evoca, ao entrar em contato com estes antigos relatos, mas também ao entrar em contato com a própria terra da Montanha de Sainte-Baume onde ele viveu mais de dez anos, o arquétipo sobre o qual ele nada ainda tinha falado: o da "mulher selvagem", selvagem e angelical como João Batista.

Arquétipo particularmente importante para os homens e as mulheres do nosso tempo que, tendo sofrido com demasiados dualismos, dedicam-se a mostrar através da inter-relação de todas as coisas a interdependência do observador e do observado, a unidade do mundo da natureza e do mundo do Espírito...

Míriam de Magdala teria ficado, de fato, mais de trinta anos imersa no seio desta natureza, mineral e vegetal, animal e angelical. Como ela conseguiu sobreviver aos lobos, aos javalis e aos invernos rigorosos? Mas também, como ela conseguiu atravessar a solidão, suas tentações, suas visões, suas alegrias e seus medos... São questões muito concretas que aquele que viveu na Sainte-Baume não pode deixar de se perguntar.

....

9 Cf. PERNOUD, R. *Lettre de la Sainte-Baume* [Carta de Sainte-Baume].

A resposta é, sem dúvida, a mesma que continua a iluminar a inteligência e o coração de Jean-Yves Leloup:

> Apenas um grande amor poderia tornar uma tal ascese, uma tal solidão, possíveis. Sozinha nesta ausência de todo homem, de todo deus e de todo ídolo, a Presença do verdadeiro Deus e do verdadeiro homem pode se revelar. "O Bem-Amado" que conduz ao deserto, que nos esvazia de tudo aquilo que ele não é, para se revelar, enfim, "Tudo em Todos": Vivo desde sempre...

Jean-Yves Leloup nos convida a esta intimidade com um grande corpo de luz, o corpo do Ressuscitado, ausente-presente. Ao seguir os passos de Maria Madalena, ele nos convida a entrarmos na "câmara nupcial", a gruta no coração do Templo-Floresta de Sainte-Baume, para bebermos da fonte imperceptível e sagrada que aplaca todas as sedes...

1

Arqueologia e Tradição: de Saint Maximin e de Sainte-Baume[10]

Nestes últimos anos, diversas escavações arqueológicas trouxeram à tona o passado paleocristão de Saint Maximin, na Provence, particularmente um batistério cuja presença faz com que nos questionemos[11]. Não seriam essas descobertas arqueológicas as testemunhas científicas de uma Igreja cuja fundação atestaria a presença de um apóstolo?

Será que se trata do "apóstolo dos apóstolos", Maria Madalena, cuja tradição nos diz que ela veio anunciar o Evangelho, junto com seu irmão Lázaro e sua irmã Marta, na Provence? Segundo esta mesma tradição, ela teria terminado seus dias nestes lugares outrora selvagens que chamamos hoje em dia de Montanha de Sainte-Baume.

....

10 Saint Maximin e Sainte-Baume: A cidade de Saint Maximin fica a 40km da cidade de Aix-en-Provence, no sul da França, no Departamento do Var, situada aos pés da Montanha de Sainte-Baume. Na basílica da cidade, dedicada a Maria Madalena, são guardadas relíquias da mesma: seu crânio e, segundo a lenda, um pedaço da sua pele que teria sido tocado por Jesus após sua Ressurreição, fazendo com que a pele fosse milagrosamente conservada até hoje [N.T.].

11 Um batistério tão grande como os de Aix e de Arles. Cf. as apaixonantes pesquisas de Pascal Tultier, arquiteto urbano, especulação dos centros históricos, em diferentes artigos da revista *Les amis de la Sainte-Baume* – Saint Maximin [Os amigos da Sainte-Baume – Saint Maximin].

Assim como as terras de Nag Hammadi e de Qumran[12], seria a terra da Provence a guardiã de segredos prontos para virem à luz do dia?

Textos e vestígios que nos dariam mais informações sobre as complexas origens do cristianismo?

Muitos aguardam a revelação de um "Evangelho de Lázaro", o amigo reanimado por Yeshua; podemos ouvir um eco desta história no Evangelho atribuído à sua irmã Míriam[13, 14]. Sem dúvida, foi dele que ela recebeu essas confidências relativas à "viagem da alma" no momento da morte; viagem ou itinerário que atrai os especialistas, tanto da Tanatologia quanto da História comparada das religiões. Nestas poucas linhas existe, de fato, um esboço de um autêntico "livro dos mortos", próprio à nascente tradição cristã que não devemos comparar a outras (cada tradição é única e incomparável), mas colocar em "ressonância" com outros "livros dos mortos", egípcios e tibetanos, por exemplo.

Por enquanto, o "Evangelho de Lázaro" ainda não nos foi revelado. Resta nos interrogarmos sobre os vestígios arqueológicos e os textos considerados como sendo os mais autênticos da tradição.

Segundo estes, Míriam de Magdala, Maria Salomé, Maria Jacobina, Lázaro, Marta, Sidônio (o cego de nascen-

---

12 Sítios arqueológicos situados no Egito (Nag Hammadi) e em Israel (Qumran) onde foram encontrados vários manuscritos datados dos primeiros séculos da era cristã [N.T.].

13 Cf. *O Evangelho de Maria*. Petrópolis: Vozes, 2004 [tradução e comentários de Jean-Yves Leloup].

14 Míriam ou Míriam de Magdala que passou à posteridade como Maria Madalena [N.T.].

ça curado por Jesus), Máximo[15] (um dos 72 discípulos) e alguns outros que fugiam da perseguição aos judeus ocorrida no ano 44 da nossa era[16], teriam embarcado em um navio sem outro capitão além do Espírito Santo ou aquilo que mais tarde chamaremos "a divina providência" e sem outro timão além da oração ou do abandono aterrorizado e confiante destes corações ainda iluminados pela luz da manhã de Páscoa. "O Cristo ressuscitou. Ele está conosco até o "fim do mundo" – o que eles poderiam temer?"

As tradições por vezes divergem ou complementam-se. De todo modo, elas parecem estar de acordo quando dizem que este navio entregue aos caprichos do vento e ao Sopro do Espírito chegará às costas da Provence; alguns dirão: "chegará a estes lugares pantanosos" que hoje em dia chamamos de "les Saintes Maries de la Mer"[17].

Foi a partir dali que, habitados pela "Presença invisível", eles partiram para anunciar o Evangelho: Marta em Tarascon, Lázaro e Míriam em Marselha. Fundamentada sobre esta tradição oral, a "lenda dourada"[18], de Jacques Voragine, dará alguns detalhes sobre os dons apostólicos de Míriam de Magdala:

....

15 *Maximin*, em francês. Em português, encontramos várias traduções para o nome Maximin: Máximo, Maxímio, Maximino. Optamos por utilizar a tradução mais corrente [N.T.].

16 Durante c reinado de Agripa (nomeado rei da Judeia por Calígula) que já matara Estêvão e Tiago.

17 Les Saintes Maries de la Mer, literalmente "As Santas Marias do Mar", cidade litorânea no Sul da França onde, segundo a lenda, teria aportado o navio, vindo da Judeia, carregando Maria Madalena, Marta, Maria Salomé, Maria Jacobina, Sara etc. Todos os anos, no mês de maio, acontece uma festa em homenagem às santas que atrai vários peregrinos cristãos e ciganos, que possuem uma profunda reverência pe.as santas [N.T.].

18 Também conhecida por "Legenda Áurea" [N.T.].

"Ora, como Santa Maria Madalena viu o povo acorrer para sacrificar aos deuses, ela ergueu-se com um semblante tranquilo, o olhar sereno e, através de fortes e hábeis discursos, ela desviou o povo do culto aos ídolos e pregou incessantemente sobre Jesus Cristo. Todos ficaram admirados pelos seus modos distintos, pela sua facilidade em falar e pelo charme da sua eloquência. Não é de admirar que uma boca que tenha beijado com tanta piedade e ternura a boca e os pés do Salvador tenha conservado melhor que as outras o perfume da Palavra de Deus".

Este texto encontra-se perfeitamente ilustrado pelo pintor anônimo do século XIII que representa "A Pregação da Madalena". Uma arquitetura ainda disforme, das galeras que oscilam na entrada do porto, um tempo cinza-esverdeado e, no primeiro plano, erguida sobre uma modesta tribuna de seis degraus de pedra, Madalena prende a atenção do povo de Marselha[19].

É interessante observarmos que, para a tradição oral e para os textos antigos que fazem eco à oralidade, Maria Madalena é realmente um "apóstolo" – encontramos os vestígios desta tradição até no século XII, onde, no coro da catedral de Amiens, nós a vemos representada próxima a Maria, a mãe de Jesus, e de João, recebendo as línguas de fogo no dia do Pentecostes. Ela pertence igualmente ao grupo dos apóstolos em torno da dormição da Virgem no museu dos beneditinos de Fécamp[20].

---

19 NOIREAU, C. *Marie Madeleine* [Maria Madalena]. [s.l.]: Du Regard, 1999, p. 51.
• Le prêche de la Madeleine [A pregação da Madalena]. Óleo sobre tela, final do século XV, Marselha, museu da Antiga Marselha [musée du Vieux Marseille].

20 Ibid, p. 50.

Para recusar o sacerdócio e o direito de ensinar às mulheres, utilizamos frequentemente o argumento que o Cristo teria escolhido apenas discípulos masculinos para apóstolos. Estaríamos nos esquecendo de Maria Madalena e de sua irmã Marta, cuja tradição nos relata igualmente os gestos e as palavras poderosas e milagrosas?

Além disso, talvez ainda não tenhamos suficientemente observado que a comunidade ou "igreja" que desembarca na Gália[21] não é a dos "discípulos", mas a dos "amigos" de Yeshua.

Já havia na Galileia, na Judeia, em Betânia e em Magdala uma certa rivalidade entre aqueles que chamamos de "amigos" e aqueles que consideramos como "discípulos" de Jesus, sendo que apenas estes últimos receberam o título de "apóstolos". A Tradição e a Igreja romanas não teriam mantido distância de uma outra tradição e de uma outra igreja que reclamaria ser a dos "amigos" de Jesus e do seu apostolado fundador? Isso explicaria, talvez, o esquecimento desta igreja "grande e próspera", testemunhada pelos restos arqueológicos de Saint Maximin – uma igreja cuja fundadora seria um apóstolo, e que apóstolo! A primeira testemunha da ressurreição... mas este apóstolo é uma mulher...

Não conservaria o Evangelho de Maria um eco desta dificuldade, por parte dos discípulos masculinos, em aceitar como "um dos seus" esta mulher que o Mestre e Senhor parece ter amado mais ou "de maneira diferente"?:

------

21 O termo "Gália" refere-se ao moderno território francês. Na época do Império Romano (ou seja, na época em que Maria Madalena teria desembarcado na região), essa região era povoada pelos gauleses e constituía uma província do Império Romano [N.T.].

> Pedro acrescentou: "É possível que o Mestre e Senhor tenha conversado desta maneira, com uma mulher, sobre segredos que nós ignoramos? Devemos mudar nossos hábitos: escutarmos todos esta mulher? Ele realmente a escolheu e preferiu a nós?"

O tom de Pedro não deixa dúvidas: ele está realmente chocado pelo fato de uma mulher tomar a palavra desta maneira e desvelar "segredos" que eles, os mais próximos de Yeshua, não conheciam.

Não faltam textos dos primeiros séculos a este propósito: Pedro não parece amar particularmente as mulheres; ele desconfia delas, até mesmo da sua própria filha!

Junto ao Ato de Pedro do Códex de Berlim, Michel Tardieu nos lembra alguns textos significativos a este respeito:

> Nosso irmão Pedro fugia de todo lugar onde se encontrasse uma mulher. Ainda mais relevante: tendo havido um escândalo envolvendo sua própria filha, ele orou ao Senhor e um lado da sua filha foi paralisado, para que ninguém deitasse com ela[22].

Uma outra versão do mesmo acontecimento nos é proposta:

> O chefe dos apóstolos, Pedro, fugia diante de um semblante de mulher. De fato, por sua filha ser bela aos olhos, e já ter provocado um escândalo devido às suas belas formas, ele se colocou a orar e ela ficou paralisada[23].

---

22 Ac. Ph. 142, versão a, citada por TARDIEU. *Códex de Berlim*. Paris: Du Cerf, p. 220.

23 Ibid., versão b, p. 220.

Graças à autoridade de seu pai, Petronília (este é o nome da filha de Pedro) morreu "santa, virgem, mártir".

A misoginia de Pedro não explica tudo. Assim como André, o que o choca é que uma mulher possa ter primazia sobre ele e sobre seus homens, que ela saiba mais do que eles! Para um judeu da época, isso é algo impensável. Como todo homem piedoso, a cada manhã, Pedro agradecia a Deus por não ter sido criado "inválido, pobre ou mulher".

Devemos mudar nossos hábitos?

Devemos mudar nossos hábitos? Respeitar as mulheres? Dar-lhes um lugar, uma autoridade na nossa comunidade? Elas não foram criadas para servir? Para nos obedecer e nos satisfazer quando nós pedimos?

Esses "hábitos" não são apenas hábitos sociais para Pedro, são também hábitos religiosos, e o comportamento do Mestre e Senhor para com as mulheres permanecerá sendo um mistério, quer se trate da samaritana, da mulher adúltera, ou de Míriam de Magdala, essas mulheres que Ele escolheu para revelar "a oração em Espírito e Verdade" (a samaritana), "a misericórdia e o perdão do Deus vivo" (a mulher adúltera) e, enfim, a Ressurreição (Míriam de Magdala)[24], ou seja, o essencial, o cerne daquilo que viremos a chamar de cristianismo!

De maneira mais prosaica, nós poderíamos dizer que Pedro, "o chefe dos apóstolos", simplesmente tem medo das mulheres. É devido a uma serva que viera se aquecer perto do fogo que ele trairá seu Mestre, o mesmo Mestre

....

24 Cf. *O Evangelho de João*. Petrópolis: Vozes [tradução e comentários de J.-Y. Leloup].

que ele jurara "jamais trair, mesmo quando todos os outros o traírem"[25].

Não parece que Pedro tenha compreendido a lição e não é certo que ela seja bem compreendida hoje em dia.

Devemos mudar nossos hábitos e escutar todos esta mulher? Por que ele a teria preferido a nós?

Não é, antes de tudo, um sinal de saúde "bíblica" escolher e preferir uma mulher ao invés de um homem para compartilhar sua intimidade? Não é este também um sinal do realismo da sua humanidade?

Mas o essencial é, certamente, ainda mais profundo; antes de querermos ser espirituais, "pneumáticos", sem dúvida é preciso aceitar que temos uma alma (*psyché*) e um corpo (*soma*). A aceitação da nossa dimensão feminina e psicológica é a própria condição para termos acesso ao "*noùs*", à nossa capacidade de autotranscendência.

Como observou Graf Dürckheim[26], a descoberta ou a redescoberta do espiritual, tanto hoje em dia como ontem, passa por uma reconciliação com o feminino.

....

25 Cf. evangelhos de Mateus 26,31-35; Marcos 14,27-31; João 13,36-38. Cf. tb. a negação de Pedro: Mateus 26,69-75; Marcos 14,66-72; João 18,55-58; 25–27.

26 Karlfried Graf Dürckheim (1896-1988), diplomata, psicoterapeuta e filósofo alemão iniciado na escola do Zen Rinzai. Em 1919 ele começou a estudar política alemã, depois reorientou seus estudos para a filosofia e a psicologia. Em 1923 ele preparou uma tese de doutorado sobre a transformação do Ser (as formas da experiência vivida) e a psicologia analítica da situação. A partir de 1931 Durckheim tornou-se professor de Psicologia em Breslau e, em seguida, em Kiel. Em 1935, ao trabalhar para o Ministério dos Assuntos Estrangeiros, efetuou pesquisas sobre os fundamentos da educação japonesa e do budismo. Em 1937 ele é encarregado de uma missão cultural que tem como objetivo estudar as bases espirituais da educação japonesa. Ele volta à Alemanha em 1947, onde começa a trabalhar sobre as bases espirituais da sua "terapia iniciática". Com Maria Hippius ele concebe e constrói, na Floresta Negra, um centro de formação e de encontros da psicologia existencial, que é também uma escola de terapia iniciática. Ele também contribuiu para a difusão do zen na Alemanha [N.T.].

O objetivo são as bodas do masculino e do feminino: o Anthropos. É preciso que essas bodas comecem em nós no nível social, no nível neurofisiológico (os dois hemisférios do cérebro) e em um plano mais universal (o encontro para uma verdadeira aliança, sem oposição e sem confusão, entre o Oriente e o Ocidente).

Pedro ainda não está no clima desta "nova Aliança" proposta pelo Mestre e Senhor; o "clima" do ciúme o faz retroceder, a desconfiança do feminino o impede de integrar "a parte que falta" do seu ser amoroso.

> E então Maria chorou. Ela diz a Pedro: "Meu irmão Pedro, o que tens na cabeça? Crês que sozinha, em minha imaginação, eu tenha inventado esta visão, ou que eu diga mentiras sobre nosso Mestre e Senhor?"

Diante da incompreensão de Pedro, Míriam reencontra suas lágrimas, não aquelas que ela conhece bem: lágrimas do amor, do deslumbramento ou da separação, mas as da criança diante de um adulto que não acredita nela, no exato momento em que ela abre seu coração e declara toda sua verdade:

> Ela diz a Pedro: "Meu irmão Pedro, o que tens na cabeça?"

Ela dirige-se, primeiro, a seu "irmão", poderíamos dizer seu amigo, já que este é um dos exercícios que lhes foram deixados pelo Mestre e Senhor: não querer se fazer passar por mestre ou rabino entre si, todos são irmãos e irmãs, é graças a este amor fraterno que podemos reconhecê-los como seus discípulos. Míriam não se dirige a Pedro como se ela estivesse se dirigindo a um papa ou a um bispo, sequer a um superior que teria direitos sobre ela, mas como a um irmão que a fere e não a compreende.

Pedro está realmente "na sua cabeça", ele não está no seu coração. E o que ele tem "na sua cabeça"? Dúvidas e suspeitas, mais do que discernimento. E o que ele tem no coração? Ciúmes e, talvez, até mesmo desprezo; de todo modo, ele não possui este "*a priori* de benevolência" que permite que alguém escute um discurso com o qual talvez ele nem sempre esteja de acordo, mas que, ao menos, ele busca compreender...

> "Crês que sozinha, em minha imaginação,
> eu tenha inventado esta visão?"

Míriam afirma: ela não está "sozinha". Para que haja "visão" é preciso ao menos haver três: aquele que vê, aquele que se permite ver e aquele que nos faz ver e que torna visível.

A "imaginação" pode, é claro, produzir todo tipo de imagens e representações, mas ela não tem o poder da Imagem e da Presença que se apresentou ao *noùs*, à fina ponta da alma de Míriam.

Não inventamos o Real, nós o vemos e o vemos na forma que nos é acessível: não é Todo o Real e, no entanto, é o Real; um raio de sol não é todo o sol e, no entanto, trata-se realmente do sol.

Para André e Pedro, a tentação de pensar que Míriam está "inventando histórias" é grande; eles conhecem a história, mas a conhecem através dos sentidos e da razão. Contudo, aquilo que os sentidos e a razão não podem conhecer é a meta-história, a epifania de um mundo e de uma consciência Outra, de um "Outro modo de Ser"[27], no próprio coração desta história. Isso pede a abertura das portas da percepção,

....

27 Para nos remetermos ao título de um belo livro de Lévinas (referência à obra *Autrement qu'être ou au-delà de l'essence*, não traduzido para o português [N.T.]), que em algumas das suas observações não está longe do nosso sujeito.

o despertar do *noùs*, a acolhida do *Pneuma*, do Santo Espírito que a tradição cristã chamará de Consolador, aquele que está com aquele que está só (*con-solus*).

Míriam não está sozinha no seu imaginário, ela é visitada pelo Espírito daquele que disse: "Eu não vos deixarei sós" (João 16). Este Espírito reativa as imagens que ela carrega em si, Ele lhes dá uma existência que não é apenas uma lembrança. A Presença do Mestre e Senhor, o Arquétipo da Síntese, o Homem realizado, Filho de Deus e Filho do Homem, é uma "Presença real".

Poderíamos dizer que se opera em Míriam, sob a esfera de influência do Espírito (*Pneuma*), uma espécie de transubstanciação da imagem do Mestre e Senhor que se torna realmente viva e ressuscitada dentro dela. Esta vida se manifesta por um certo número de sintomas que uma simples rememoração ou imaginação não poderiam produzir: luz, calor, mas, sobretudo, paz, paciência, confiança, amor.

É interessante notar que, na tradição do cristianismo ortodoxo transmitida ainda nos dias de hoje, no momento da epiclese[28], pedimos ao Santo Espírito que "desça sobre nós e sobre estes dons" (o pão e o vinho) para que eles sejam realmente transformados em "corpo e sangue"[29], "ação e contemplação" do Cristo vivendo no meio de nós.

....

28 A epiclese ou epíclese é uma invocação do Santo Espírito nas liturgias cristãs, é a oração de invocação que pede a descida do Espírito Santo sobre os sacramentos. Etimologicamente, a palavra é formada por duas palavras gregas: *epi* (sobre) e *kaleo* (invocar). Trata-se, portanto, de invocar alguém ou alguma coisa sobre um ser [N.T.].

29 Cf. Clemente de Alexandria e os Padres da Igreja. O pão – o corpo – simboliza a ação do Cristo; o vinho – o sangue – simboliza a contemplação do Cristo. Ação e contemplação que precisamos "incorporar" se quisermos realmente nos tornarmos cristãos.

Míriam, de uma certa maneira, viveu esta Epiclese: o Santo Espírito (*Pneuma*) veio informar sua inteligência e seu coração (*noùs, kardia*), para que o Mestre e Senhor se dê realmente a ver a ela, podendo, desta maneira, continuar a ensiná-la[30].

"É preciso mudar nossos hábitos?", considerar de maneira diferente as origens das igrejas e imaginar, junto às igrejas fundadas pelos discípulos, uma igreja fundada pelos "amigos de Yeshua"? Tendo Maria Madalena a preeminência de ser a primeira testemunha da ressurreição e por ter o título de "Apóstolo dos Apóstolos", isso faria com que, consequentemente, sua igreja ou sua comunidade tivessem o *status* de "igreja das igrejas" ou de "igreja-mãe", título que a Igreja de Roma se apropriou e que voltou, com toda justiça, à Igreja de Tiago em Jerusalém.

Não se trata de reivindicar este título para Maria Madalena; seria possível imaginar Pedro reconhecendo qualquer primazia a "esta mulher"... ou um papa que seja capaz de escutar um teólogo ou um visionário do sexo feminino? No entanto, foi o que aconteceu a alguns dos mais sábios papas da história, ao travarem contato com Hildegard von Bingen[31] e Catarina de Sena[32] (podemos observar que am-

---

30 Cf. *O Evangelho de Maria*. Op. cit.

31 Hildegard von Bingen (1098-1179). Nobre alemã que teve várias visões que fazem parte de uma verdadeira experiência mística. Suas visões apresentam uma magnífica fusão de inspiração divina e intelecto humano. Em uma época onde poucos sabiam ler, ela foi escritora, compositora e filósofa, além de ter fundado dois monastérios. Foi reconhecida como santa pela Igreja. O Papa Bento XVI deu-lhe o título de "Doutora da Igreja" em 2012 [N.T.].

32 Catarina Benincasa, mais conhecida como Catarina de Sena (1347-1380), freira dominicana e mística; exerceu uma grande influência sobre a Igreja Católica e a história do papado. Catarina de Sena é uma das figuras marcantes do catolicismo

bas, em sua "audácia", reclamaram pertencer à linhagem de Maria Madalena...).

Se esses surpreendentes vestígios do grande batistério de Saint Maximin não existissem, isso que acabamos de evocar só serviria para aumentar as lendas inspiradas pelos poderosos arquétipos de Lázaro, Marta e Maria Madalena em todas as épocas. Segundo a tradição, Maria Madalena não continuou a transmitir seus ensinamentos e suas prédicas em Marselha e não ocupou nenhum "trono episcopal" em Saint Maximin, ela deixou esta tarefa rude e austera aos homens que a cercavam: Lázaro, Máximo, Sidônio e Trófimo, "primeiro bispo de Arles", recém-chegado enviado por Pedro.

Talvez ela sentisse chegar os primeiros conflitos de poder e "a institucionalização" da primeira comunidade cristã? Quando se foi a Amiga e a íntima de Yeshua, existem querelas que não nos inspiram mais; temos apenas um coração e ele foi feito para o amor e não para a disputa. Quando a concórdia e a harmonia tornam-se impossíveis, é melhor ficar afastado e dedicar-se ao "único necessário". É isto que o seu Bem-Amado lhe pedira e ela escuta seu chamado, assim como o chamado da floresta.

Ela se dirige, então, a estes lugares reputadamente selvagens onde residem os cultos antigos à Grande Deusa, a Terra, a Mãe dos homens. Ali ela encontrará refúgio, "vivendo de amor e de água fresca", dirão os bucólicos... Ignorar o rigor destes lugares é também ignorar o poder sagrado da montanha, das suas grutas e da sua floresta, é ignorar, so-

---

medieval, ela é considerada santa e é uma das quatro únicas mulheres a serem declaradas doutoras da Igreja [N.T.].

bretudo, a força do Amor que a habita e que é elevada contemplação de uma Presença real e vivificadora; intercessão e compaixão por todos os seres vivos.

2
A árvore do portal

Ei-la chegado,
chegado ao país onde jamais chegamos...
O país onde jamais chegamos é o nosso próprio corpo?
É o nosso túmulo?
Ela chegou, Míriam está na luz que doravante será o seu
corpo
O corpo de um Outro
O corpo de "Eu Sou":
Yeshua seu Bem-Amado
Ei-lo chegado,
entrado na luz...
"Eu Sou", Yeshua, não está mais no seu corpo
Seu corpo está nele... Deus não está no seu coração, ela
está no coração de Deus.

A humanidade que lhe resta viver
de agora em diante é nele que ela deve vivê-la. Ele, cujo
túmulo está aberto, cujo corpo é para sempre luz, ressuscitado.
É na sua luz que ela ergue os braços,
que ela se enraíza, como a velha árvore, a guardiã do limiar, a guardiã do portal...
O anjo junto à pedra tumular, a montanha que ela contem-
pla daqui de baixo.
Ela pode deixar seu vestido de lembranças e memórias,
ainda rubra das suas paixões e da sua paixão.
Ele, a luz que se fez corpo para que o corpo se torne luz.

Ela chegou,
ela deixa aqui, na entrada, suas lembranças, seus adornos.

> Até então ela vivia em seu corpo, nas suas vestes.
> Hoje é o seu corpo que vive nela, que se eleva nele, é a sua vida que habita na luz.
> "Eu Sou" é o seu corpo, e a montanha sagrada, suas vestes nuas.

O dia onde escolhemos realmente viver é o verdadeiro dia do nosso nascimento, é um dia de Páscoa, de grande "passagem", passagem de uma vida suportada a uma vida escolhida.

Míriam de Magdala lembra-se bem do dia do seu nascimento; do dia onde ela realmente escolheu viver. Foi o mesmo dia em que ela o encontrou. Doravante ela sabia por "quem" ela queria e desejava viver. Podemos viver sem por que, mas não podemos viver sem "por quem"... Por quem nascer? Por quem ser? Esta é, sem dúvida, a única questão, a única busca que nos mantém em vida...

Doravante ela viveria por Ele, ou seja, com Ele, quer Ele esteja presente ou ausente. Quando vivemos "para" alguém, ele está sempre ali, ao nosso lado, ele orienta e ilumina nossos mais ínfimos atos.

Ela se lembrava do Rabi Shlomo, seu amigo, que lhe escrevera um belíssimo poema:

> Nem por todo o conhecimento, nem por toda formosura, eu poderei me perder, mas apenas por um "não sei o quê" que se alcança por ventura...

Essas eram as palavras de um homem; ela e, sem dúvida, muitas outras mulheres, teriam escrito:

> Nem por todo o conhecimento, nem por toda formosura, eu poderei me perder, mas apenas por um "não sei o quê" que se encontra por ventura...

Ela não sabia "quem" era Yeshua, ela jamais o saberia, ela o amava desde sempre e para sempre – é o suficiente.

Ela sempre havia sido sensível a esta passagem do "que" ou "quem", a este momento onde o Ser não se revela mais como um "objeto" que poderíamos conhecer, mas como um "Sujeito" que nos acompanha.

Na tradição hebraica, particularmente nos *midrashim*, insiste-se sobre o fato que um homem que não conheceu mulher não pode ser chamado de "humano"; da mesma maneira, uma mulher. E os exegetas observam que o humano masculino, antes de encontrar a mulher, a alteridade, chama-se Adão; após tê-la encontrado, ele se chama *ha-adam* (o adão).

Se, como os cabalistas, contarmos o valor numérico das letras que compõem essas palavras, nós obteremos:

- *ha-adam: hé* 5 + *Aleph* 1 + *daleth* 4 + *mem* 40 = 50, que é o equivalente numérico de *mi: mem* 40 + *yod* 10 = 50, que, em hebraico, significa "Quem";
- *adam*, sozinho, dá o seguinte valor numérico: *Aleph* 1 + *daleth* 4 + *mem* 40 = 45, valor numérico da palavra *mah: mem* 40 + *hé* 5 = 45, que, em hebraico, significa "Que".

O ser humano passa do "que" ao "quem", ou seja, de um ser objeto a um ser sujeito quando ele cumpre a complementaridade homem-mulher. Ao encontrar o outro, ele torna-se ele mesmo através do encontro. Não somos "inteiros" sozinhos, é este encontro, esta relação, que nos faz "quem", sujeitos, à imagem e à semelhança do Sujeito primeiro e princípio[33].

---

33 Cf. LELOUP, J.-Y. *Jesus e Maria Madalena* – Para os puros tudo é puro. Petrópolis: Vozes, 2007.

Um "não sei o quê", homem mais do que todos os homens? Deus diferente de todos os deuses? Homem-Deus; Deus-Homem? Quem sabe? Quem ama? Quem é amado? Pouco importa: é Ele...

Quando sabemos por que amamos, estamos sempre no "quê". Míriam poderia ter amado Yeshua pela sua inteligência, pela sua beleza, pela sua humanidade, pela sua paciência, seu comportamento "divino", ou seja, luminoso e amoroso em quase todas as circunstâncias... mas não foi um "o quê" que ela amou nele, não foram essas imensas e infinitas qualidades que Ele possuía; foi "Ele", aquilo que ela conhecia e não conhecia dele, "um não sei o quê" tão presente, mas que sempre nos escapa...

Devemos, sem dúvida, renunciar a "possuí-lo" (carnal ou espiritualmente) para estarmos melhor "com" Ele...

E Ele? Por quem Ele vivia? Ele lhe dissera frequentemente: Ele vivia voltado para aquele "não sei o quê" que Ele chamava de seu "Pai"... uma palavra difícil de ser ouvida quando o pai que conhecemos na carne nos feriu ou nos faltou. Mas, para Ele, este nome era um símbolo para designar o infinito Real, a fonte que orientava e imantava cada um dos seus dias... Ele escolhera viver e ensinar este "por quem"; ele não tinha medo de morrer por este "por quem", pois morrer era uma outra maneira, sempre nova (como amar ou sofrer), de estar com Ele.

Na orla da floresta, junto à árvore do limiar, Míriam escolhera novamente viver; viver "para Ele", "por Ele" e rumo ao "eu não sei o quê"[34] que Ele testemunhara... Como no dia do seu primeiro encontro, eles olhavam juntos na mesma direção...

....

[34] Prólogo de São João: "No início o Logos. O Logos está "voltado para" Deus e Ele é Deus..."

Os primeiros cristãos

Ela ainda não se considerava "cristã"; este nome será dado um pouco mais tarde aos discípulos de Yeshua em Antioquia e, no entanto, sua imaginação, a imagem do mundo no qual ela vivia era exatamente aquilo que chamaremos mais tarde de "os primeiros cristãos".

Os primeiros cristãos, ou seja, aqueles que primeiro "imaginaram" "a encarnação". O gênio do cristianismo é o gênio de um imaginário que imagina a encarnação, ou seja, a não dualidade da matéria e do espírito, do eterno e do tempo, do infinito e do finito, do homem e de Deus... em um corpo plenamente humano.

Observar com atenção a matéria, fazer dela uma imagem, uma representação do Espírito, uma encarnação da Luz – o que podemos imaginar de mais belo?

Observar e viver com atenção o tempo, nosso "ser para a morte", fazer dele uma imagem, uma representação do Eterno, ou melhor, uma manifestação do "não tempo": da Eternidade encarnada... O que podemos imaginar de mais fabuloso?

Olhar cada coisa em sua grandeza e seus limites, fazer delas uma imagem, uma representação, uma encarnação do infinito – o que podemos imaginar de mais óbvio?

Observar com atenção um ser humano, viver com ele e fazer dele uma imagem, uma representação, uma encarnação de Deus – o que podemos imaginar de mais maravilhoso, de mais interessante?

E foi isto que Maria Madalena viveu, isso que ela continua a viver na orla da floresta...

O mundo no qual vivemos, a qualidade das nossas relações com tudo aquilo que nos cerca depende da qualidade da nossa imaginação... Ter falta de imaginação é olhar a terra sem ver o céu, olhar a matéria sem nela ver o espírito, ver o tempo sem discernir nele o eterno, olhar o finito sem situá-lo no infinito, observar o ser humano sem nele descobrir Deus.

Este não é o olhar de Maria Madalena, ela recusa-se a ficar zarolha ou cega. Ela vê "Tudo".

> "Tudo existe por Ele; sem Ele, nada", dirá mais tarde São João[35].

"Eu orarei a Deus para que Ele me livre de Deus." Eu orarei ao Real para que Ele me liberte da imagem ou do pensamento que tenho sobre o Real, ou seja, da realidade ou das realidades através das quais eu acredito conhecer o Real... Esta não é a oração de Míriam neste dia. Por que orar desta maneira? Por que imaginar uma libertação da realidade para ter acesso ao Real? Por que imaginar uma libertação das ideias e das imagens que tenho de Deus para ter acesso a Deus?

É chegado um momento onde eu aceito conhecer o Real apenas através da ou das realidades que o manifestam.

É chegado um momento onde aceito conhecer a Deidade, o Desconhecido através do ou dos deuses (as imagens, as representações mais ou menos sutis) que o manifestam. Eu sou libertado da libertação.

"Aquilo que é, é" – assim é.

O Bem-Amado é "realmente Deus" para ela e "realmente homem", Ele está nela e além dela. "Mais eu do que eu mesmo, completamente outro do que eu mesmo", murmura ela ao subir a montanha...

....

35 Cf. *O Evangelho de João*. Petrópolis: Vozes [prólogo, tradução e comentários de Jean-Yves Leloup].

A salvação é o meu jardim, o jardim de Magdala, o jardim da Ressurreição e hoje o jardim da Baume, da maneira como a vejo, visível e invisível ao mesmo tempo, céu e terra e sopro entre os dois, espaço e matéria e consciência entre os dois. Meu jardim, de agora em diante, é esta terra da Provence. Por que sair do meu jardim? Ele é também meu jardineiro; se eu mantiver o coração desperto, Ele estará sempre e por todo lugar presente...

3

No caminho rumo à "gruta dos ovos" ou a entrada no "santuário da Deusa"

Quando lhe perguntavam se ela não sentia falta da sua terra de Israel, a casa de Magdala, às margens do Lago de Tiberíades, ela respondia: "O exílio é o esquecimento".

> Como poderia esquecer-te, ó minha luz?, ó meu amor, rabuni Yeshua...
> Não existe exílio para aquele que se recorda.
> Minha luz é o teu espírito,
> meu amor é o teu coração,
> minha terra é o teu corpo,
> meu país és Tu inteiro.
> O lugar de onde venho, o lugar para onde vou, é o teu semblante,
> é o teu Sopro no meu.
> Como poderia esquecer-me daquele que eu respiro?
> O Nome que eu invoco expulsa o exílio e o esquecimento.
> "Rabuni Yeshua".

Quando lhe perguntavam se ela sentia saudades, ela cantava seu Nome:

> Eu me lembro daquele que está sempre aqui e que, no entanto, todo dia vem cada vez mais ao meu encontro, pois o espaço voltado para Ele eleva e alarga-se.

Eu me lembro "daquele que era, que é e que virá".

Não quero abrir lugar em mim ao arrependimento, à tristeza ou à saudade, pois estaria tomando o seu lugar, estaria impedindo sua Luz e sua alegria e todo seu céu de se fazerem terra em mim.

Eu estaria impedindo sua consciência e sua compaixão de tomarem corpo em mim.

Não existe exílio para aquele que se lembra. Quer eu me erga, quer eu caminhe, quer eu me deite, estou sempre com Ele.

Com Ele, esta floresta e essas grutas tornaram-se meu país, minha "terra prometida". Sem Ele, toda a terra, mesmo a da Galileia ou da Judeia, seria uma terra de exílio. É a presença do Ser que amamos que faz de um monte de pedras e tábuas uma casa. É a presença do Ser que amamos que faz de uma terra estrangeira, por vezes violenta ou inóspita, nosso verdadeiro país.

A lembrança de Yeshua era sua casa, seu caminho, sua terra... e, no entanto, nestes lugares que ela agora descobria, havia outras memórias, outras lembranças, outros nomes, a presença de humanidades e divindades diferentes.

Maria as acolhia, o coração livre e sereno.

Tudo existe por Ele,
sem Ele, nada
de todo ser Ele é a luz
e a Vida...

Ela não sentia medo das grandes deusas, que assombravam esses lugares dedicados ao amor e à fecundidade. No entanto, no passado haviam lhe ensinado a desconfiar dessas deusas; ser sensível à sua grandeza, à sua força ou ao seu charme, era trair a religião dos seus pais, tornar-se "uma prostituta", ou seja, correr com outras divindades além do Único e verdadeiro Deus – o Deus do seu povo Israel...

O Deus de Israel não é uma deusa, Deus é nosso pai, Ele não é nossa mãe. Mas como, perguntava-se Míriam, um Pai poderia ter filhos se não houvesse uma mãe e vice-versa?

Tinham lhe repetido que o Deus de Israel é sem igual e sem comparação. No entanto, ela ficou por vezes tentada, como os judeus do Egito, a responder a seus sacerdotes e profetas como aqueles que responderam a Jeremias por volta do ano 597:

> Então responderam a Jeremias todos os homens que sabiam que suas mulheres queimavam incenso a deuses estranhos, e todas as mulheres que estavam presentes em grande multidão, como também todo o povo que habitava na terra do Egito, em Patros, dizendo:
> Quanto à palavra que nos anunciaste em nome do Senhor, não obedeceremos a ti;
> Mas certamente cumpriremos toda a palavra que saiu da nossa boca, queimando incenso à rainha dos céus, e oferecendo-lhe libações, como nós e nossos pais, nossos reis e nossos príncipes, temos feito, nas cidades de Judá e nas ruas de Jerusalém; e então tínhamos fartura de pão, e andávamos alegres, e não víamos mal algum.
> Mas desde que cessamos de queimar incenso à rainha dos céus, e de lhe oferecer libações, tivemos falta de tudo, e fomos consumidos pela espada e pela fome[36].

Míriam não conseguia pronunciar estas palavras sem deixar de sentir algum terror, pois ela conhecia a resposta cortante de Jeremias:

> Porventura não se lembrou o Senhor, e não lhe veio ao coração o incenso que queimastes nas cidades de Judá e nas ruas de Jerusalém, vós e vossos

---

36 Jeremias 44,15-19.

pais, vossos reis e vossos príncipes, como também o povo da terra? De maneira que o Senhor não podia por mais tempo sofrer a maldade das vossas ações, as abominações que cometestes; por isso se tornou a vossa terra em desolação, e em espanto, e em maldição, sem habitantes, como hoje se vê[37].

Míriam interrogava-se: Por que seria uma falta e uma abominação oferecer incenso à Rainha dos Céus, à mãe e à matriz dos mundos? Que Deus ciumento é este cujas libações de bom olor tanto irritam? Se Ele for realmente YHWH, "o Ser que é o que Ele É em tudo aquilo que É", todas as adorações, todas as venerações não vão se dirigir a Ele? E Ele não está além de todas essas oposições: pai, mãe, masculino, feminino, altíssimo, baixíssimo...? Como os seres humanos podem servir-se desta maneira do seu nome para se apropriarem de terras, transformá-las em territórios e fazer reinar por toda parte a violência, o medo e o sangue?

Não é devido a tais interrogações que Míriam era considerada uma "prostituta" no sentido bíblico do termo?, ou seja, uma mulher "aberta" a outras tradições, a outras representações de Deus além da do seu povo que se considerava o único a conhecê-lo, a adorá-lo "de maneira correta", o único a possuí-lo...

Para Míriam, idolatria era acreditar que podemos conhecer ou possuir Deus. Era reduzir o infinito à nossa medida, fazer dele uma ideia, uma imagem humana, demasiado humana.

A luz não pode ser vista ou possuída, ela não é uma "coisa", um "ser" que poderíamos ter. Não vemos a luz, ela

....

37 Jeremias 44,21-22.

nos faz ver. Quaisquer que sejam as garatujas ou as santas escrituras que se inscreverem sobre a página em branco, é a página em branco que não devemos esquecer de ler e escutar...

A uma escritura podemos opor uma outra escritura, a um imaginário, opor um outro imaginário, o importante é o silêncio de antes e após as imagens e as palavras, o Alfa e o Ômega....

Ela frequentemente dizia:

> Felizes aqueles que ouviram as palavras de Yeshua, mas quem escutou seu silêncio?

As divindades que ela encontrava na floresta não a incomodavam mais, a lembrança de Yeshua a orientava ao "eu não sei o quê", fonte de tudo aquilo que vive e respira, fonte de toda imaginação e todo pensamento. Cada um tem o direito de imaginar e de dar forma àquilo que lhe escapa, com a condição de não querer impô-lo aos outros. Ela tinha dificuldade com as representações de Deus que acusam e culpabilizam a vida já tão frágil e precária do ser humano. Não era contra essas representações de deus que Yeshua tinha lutado? Ele nos pedira para "sonharmos melhor", para não acrescentarmos mais escuridão ao pesadelo de certas existências e imaginarmos um Deus que seria luz, paz e Amor.

Ele nos pedira para imaginarmos um Deus que iluminasse o espírito, pacificasse o corpo, abrisse o coração, um Real que transfigurasse – "ressuscitasse" – todas as realidades.

Mas, pensava ela, os discípulos mais próximos já pararam de sonhar, eles não sonham mais o sonho de Yeshua, eles não imaginam mais um mundo novo, que Ele chamava de "o Reino", o Reino do Espírito, a Presença do Amor...

Eis que eles também não imaginavam mais um "Reino", mas uma "Igreja", uma instituição, eles sonhavam com o poder, com eleitos e excluídos....

Quem poderia ensinar-lhes novamente a sonhar melhor? E a deixar que se expressasse neles a imaginação criadora que quer que todos sejam curados, salvos, libertados, e cheguem à plenitude da verdade, que todos tenham a Vida, a vida em abundância?

Imaginar a paz e a alegria, ao invés do pecado, da penitência e do julgamento! Por que é tão difícil? Por que os homens têm medo de ser felizes ou simplesmente de ser "assim"? Sem dúvida para que o "eu" torne-se sólido e forte na dor, pois ele se dissolveria na alegria.

O homem prefere ser "alguma coisa" no sofrimento a não ser nada na alegria... Míriam lembrava-se de João Batista:

> *"Non sum"* – dizia ele – "Eu não sou", um outro é "Eu Sou", é preciso que ele cresça e que eu diminua. Esta é a minha alegria e ela é perfeita.

A respeito da mulher selvagem, nós já evocamos São João Batista que na iconografia ortodoxa é representado com longos cabelos hirsutos, vestes de peles de animais, mas também com asas de anjo para simbolizar, naquele que João o Evangelista chama de "o amigo do esposo", esta integração entre o espiritual e o carnal, ou do celeste e do animal. Algumas representações de Maria Madalena podem nos fazer pensar em São João Batista, particularmente a Maria Madalena de Donatello[38], mas normalmente os artistas não dão asas a Maria Madalena, todavia ela é representada cercada de anjos:

---

38 Cf. Donato di Niccolo di Betto Bardi, dito Donatello. *A Madalena*. Escultura em madeira, 188cm, 1455. Florença, museu da obra da catedral.

A "Santa Madalena e os anjos", da Escola de Sena do século XIV, visível na abadia de Hautecombe na Savoia, assim como a Madalena de Donatello ou a da Gregor Erhard[39], é representada nua, vestida apenas com seus cabelos, o semblante de "Eu Sou" no coração e "sustentada" por quatro anjos.

Podemos igualmente observar que Maria Madalena e João Batista se encontram em torno do Cristo na Igreja da Grande Cartuxa. A alegria, para este homem e para esta mulher ao mesmo tempo "selvagens" e angélicos, é deixar ser "Eu Sou" neles, deixar ser Aquele que É e que "cumpre" sua humanidade nas suas dimensões mais terrestres e mais celestes. Alguns teólogos dizem que o arquétipo do masculino e do feminino se encontra naquele que É no meio deles: "o Arquétipo da Síntese", não apenas o andrógino, mas o Anthropos[40].

Sobre o "Arquétipo da Síntese" encarnado em Yeshua de Nazaré, poderíamos igualmente dizer que seu ensinamento "integra" as religiões ou os imaginários de tipo oriental e as religiões ou os imaginários de tipo ocidental?

As religiões semíticas de tipo patriarcal e seu "Deus Pai" e as religiões de tipo matriarcal e seu culto às deusas-mãe?

A chegada do discípulo preferido ou da Amiga de Yeshua a um lugar consagrado às deusas-mãe talvez não seja mera coincidência. Na Sainte-Baume não existem ídolos a serem derrubados, mas talvez haja um feminino, um matricial a ser integrado. Charles Mopsik, célebre pensador da

---

39 Gregor Erhard. *Santa Maria Madalena*, dita "a bela alemã". Madeira policrômica e dourada, 177 x 44 x 43cm. Início do século XVI. Paris, Museu do Louvre.

40 Cf. O Evangelho de Maria. Op. cit.

tradição judaica, observa em sua introdução à "*Carta sobre a santidade atribuída a Nachmânides*"[41]:

> A ideia de Deus que as religiões monoteístas impuseram aos homens parece ter excluído toda referência à sexualidade como fator de aproximação do divino. Inclusive, a concepção de um Deus único sob a forma de um Pai todo-poderoso e sem parceira feminina constituiu o fundo comum do discurso teológico ordinário, que neste ponto influenciou as filosofias ocidentais e as metafísicas por elas elaboradas. Os quadros mentais e suas representações tiveram todo tipo de consequência na história da civilização cristã e islâmica, assim como no do judaísmo: elas impregnaram de maneira tão forte os espíritos que ninguém se dá conta de que elas são o fruto de uma ideologia religiosa particular cujos princípios não são gratuitos. O estado de incapacidade no qual se encontra o homem hoje em dia, crente ou não, de se libertar destas estruturas, resulta, entre outros, do fato de que esses sistemas religiosos e filosóficos proclamaram sua concepção do Deus assexuado ou unissexuado como sendo a única concepção racional a respeito, e rejeitaram todas as outras como pertencentes à categoria da mitologia. Querendo ser os únicos herdeiros da religião bíblica, os juristas e os teólogos das três religiões monoteístas veem como um perigoso desvio qualquer outro tipo de concepção do divino[42].

O ensinamento suspeito de Maria Madalena tinha, sem dúvida, alguma ligação com a representação que ela tinha de Deus. Ela era certamente capaz de imaginar uma dimensão feminina do divino, não apenas a partir da sua

....

41 Rabi Moisés ben Nahman, talmudista e cabalista de Gerona (1194-1270).

42 Ibid., p. 7.

experiência de mulher, mas a partir do que esta terra considerada sagrada bem antes da sua vinda poderia lhe ensinar. O que lhe dizia "a grande mãe" quando ela descia em suas entranhas? Particularmente, nesta gruta que hoje em dia chamamos "a gruta dos ovos" que era, sem nenhuma dúvida, um lugar elevado de culto a Deus-Criadora e sua fecundidade. Esta gruta, tanto hoje como ontem, continua sendo "eficiente". Não são apenas os reis da França que desejaram ter um filho que tiveram seu desejo atendido; ainda hoje em dia, homens e mulheres considerados "estéreis" vão lá meditar e orar – alguns ex-votos (que eles colocarão na gruta de Maria Madalena, um pouco acima) dão testemunho da sua fecundidade reencontrada.

4

A Montanha de Sainte-Baume "antes" da história

A palavra "pré-história" data de 1865; ela foi utilizada pela primeira vez por Sir John Lubbock em seu livro *Prehistoric Times* (Tempos pré-históricos, 1866) que preconizava as ideias do francês Jacques Boucher de Perthes, que fora o primeiro (entre 1839-1841), em seu livro *Da criação*" (De la création), a proclamar a existência de uma "idade da pedra" e de um "homem antediluviano", criador dos objetos em pedra talhada e contemporâneo dos animais fósseis. Boucher de Perthes daí concluía que a humanidade era mais antiga do que a Bíblia sugeria e suas descobertas suscitaram campanhas de buscas arqueológicas no mundo inteiro.

Dentre as descobertas mais surpreendentes, temos as gravuras e pinturas rupestres e figuras que datam do paleolítico, representando mulheres grávidas cuja vulva, nádegas e seios são representados de maneira hipertrofiada, enquanto a cabeça e membros são atrofiados. As estatuetas foram qualificadas como "vênus" e descritas como imagens arquetípicas da feminilidade e suas funções, mas desde a sua descoberta algumas vozes elevam-se ocasionalmente para afirmar que elas eram a prova da existência de um culto, muito antigo e universalmente difundido, a uma deusa mãe. Foi apenas a partir da década de 1960 que esta ideia foi amplamente retomada pelos universitários, artistas e militantes feministas e ecologistas que apoiam-se sobre essas provas arqueológicas trazidas à luz ao longo do século XX.

A "civilização de Indus" ou de Mohenjo-daro (desaparecida ao longo do segundo milênio a.c. e que deixou atrás de si um grande número de estatuetas femininas) foi identificada em 1921.

Os túmulos reais da dinastia sumeriana de Ur (cujo mobiliário indica um culto a uma deusa suprema da fertilidade) foram trazidas à tona em 1934.

As escavações arqueológicas conduzidas desde o início do século em sítios neolíticos da civilização minoica (Ilha de Creta) não revelaram até agora nenhuma figuração de divindade masculina adulta, apenas uma deusa-mãe acompanhada de recém-nascidos ou crianças minúsculas.

O santuário descoberto em 1974 no sítio arqueológico da antiga cidade de Phylakopi (Ilha de Melos, ou Milo, uma das Cíclades) estava abandonado desde 1120 a.C., época na qual estatuetas votivas masculinas começaram a surgir junto às representações femininas, indicando o declínio da civilização minoica e do seu culto à Deusa, assim como a expansão da civilização micênica, predominantemente masculina.

Quanto às ruínas de Catal Hüyük (Anatólia, Turquia), cujos santuários continham grande quantidade de estatuetas representando a Deusa, elas só começaram a ser escavadas a partir da década de 1960[43].

---

43 Cf. SHAHKRUKH HUSAIN. *La grande déesse-mere* [A grande deusa mãe]. Paris: Albin Michel, 1998, p. 10 [Posfácio de Jean-Yves Leloup].

O sítio da Montanha de Sainte-Baume não necessita de escavações arqueológicas para ser considerado um templo em homenagem à Deusa Mãe. Sua própria topologia, sua floresta, suas grutas e suas fontes fazem dela um templo "natural" onde, muito antes de Maria Madalena, as pessoas ali iam para se recolher e pedir à terra e ao céu que intercedessem a favor da sua fecundidade.

Para Maria Madalena, a grande Deusa era simplesmente a Vida: "Eu Sou é a Vida", tinha dito Yeshua. A Vida em todas suas formas e além de todas as formas...

Ao cruzar um animal feroz, ela tinha o hábito de lhe dizer: "Eu Sou a Vida, sob a forma de uma mulher frágil; tu és a Vida, sob a forma de um animal feroz; nós somos a Vida, dois semblantes do mesmo Vivente, Um e inseparável. Por que eu deveria ter medo? Por que tu me farias mal? Apenas meu medo poderia atiçar tua violência. Nós somos a Vida, por que não compartilhá-la? A Vida é o meu Deus, a Vida é tua deusa, nosso encontro é o encontro da Vida com a Vida".

Essas palavras não eram simples palavras, mas sopros; ela respirava no ritmo do animal até ele se reconhecer no sopro da mulher e eles passarem a saborear juntos a Vida una, ao invés de devorarem-se um ao outro.

Não é desta maneira que, vários séculos mais tarde, Francisco de Assis falará ao lobo de Gúbio?[44] A Deusa é a Vida, a mãe de todos os viventes, ela não se preocupava mais quanto à sua identidade.

....

[44] Vale a pena ler essa singela história sobre como Francisco acalmou o lobo e trouxe paz à cidade de Gúbio. Cf. "I Fioretti de São Francisco", cap. 21. In: *Fontes franciscanas e clarianas*. 3. ed. Petrópolis: Vozes, 2014, p. 1.525-1.527.

Quando adolescente, ela ouvira falar de Ísis, Ártemis, Vênus, mas ela não dera maior importância a todos estes nomes; cada um pode chamar a Vida como bem quiser, servindo-se de nomes masculinos ou femininos, utilizando representações assustadoras ou deslumbrantes; para ela, o importante, assim como para o seu Mestre e Senhor, era estar vivo, ser a Vida.

No século II, o historiador grego Plutarco descreveu Ísis como sendo o "'princípio feminino da natureza' [...] que possui uma quantidade inumerável de nomes [...], pois ela pode tomar todos tipos de aspectos e formas". O escritor norte-africano Apulée (nascido na época da morte de Plutarco) que tinha sido iniciado ao culto de Ísis, descreve, em seu romance intitulado *Metamorfoses* (ou *O asno de ouro*), a iniciação de uma personagem chamada Lucius. Ísis surge a Lucius e lhe diz:

> "Os frígios chamam-me Pessinuntica, mãe dos deuses; os atenienses, Ártemis cecropiana; para os cipriotas, eu sou Afrodite pofiana; para os cretenses, Ditynna; para os sicilianos, Prosérpina estígia e, para os eleusinos, sou sua antiga Mãe do trigo. Alguns me conhecem sob o nome de Juno, outros sob os nomes de Belona das batalhas ou Hécate... mas os etíopes e os egípcios, apaixonados pelos estudos antigos, chamam-me pelo meu verdadeiro nome: rainha Ísis".
> Ísis é a transcrição grega de Esi: "Aquela que está sobre o trono", ou seja, a rainha[45].

Quando Maria Madalena orava como Yeshua lhe havia ensinado, "venha a nós o vosso Reino", ela não tinha dificuldade em pensar que outrora aqueles que oravam à Rainha do Céu, a mãe de todos os seres, qualquer que fosse o seu

---

45 Cf. SHAHKRUKH HUSAIN. *La grande déesse-mere* [A grande deusa mãe]. Op. cit., p. 33.

nome, pediam a mesma coisa que Yeshua quando Ele se dirigia ao "seu Pai que está nos céus", o Mestre dos mundos, a Consciência criadora de tudo aquilo que existe.

Através desta oração, todos pedem o Reino da Vida, o Reino do Amor, o Reino da Luz e que a vontade da Grande Vida cumpra-se em nossa pequena vida, que a vontade do Grande Amor cumpra-se em nossos amores, que a vontade da Inteligência Criadora ilumine nossas débeis inteligências. Que venha o teu Espírito!, que venha o seu Reino, que a sua Vontade se cumpra em todo meu corpo e no mais profundo do meu coração e do meu espírito.

Desde o tempo dos homens da caverna até os dias de hoje, houve algum dia outra oração? Essa oração que procura harmonizar nosso desejo ao infinito desejo que faz girar a terra, o mundo dos humanos e as outras estrelas?

Às vezes, Pedro, André e Levi referiam-se a Míriam como "a pagã". Ela não conhecia exatamente o significado desta palavra, mas ela sentia a reprovação e a condenação em suas vozes. Será que pagão não queria simplesmente dizer "camponês"?[46] Os pagãos são camponeses, homens e mulheres próximos da terra que adoram a Vida, sob suas formas mais fortes e mais óbvias: o sol, a chuva, o vento... o ar, a água, o fogo, a terra, os quatro elementos, como uma melodia feita a quatro mãos, através da qual era moldado e formatado tudo aquilo que existe.

"Yeshua não veio para abolir, mas para cumprir", dizia ela. Ele não abole a lei ou a natureza, Ele as conduz à sua realização. O Amor cumpre a lei e a natureza. Através deste cumprimento

....

46 Jogo de palavras intraduzível para o português entre as palavras *païen* (pagão) e *paysan* (camponês) [N.T.].

e desta realização Ele nos torna livres da lei e da natureza, livres também para com a fé dos fariseus e a fé dos pagãos...

Míriam em nada negava a oração da sua adolescência:

Meu Deus, Tu és o Deus da primavera, aquele que faz florescer, aquele que faz crescer.
É realmente necessário que nós sejamos "pequenos" para que Tu sejas todo-poderoso? "Pobres pecadores" para que Tu sejas misericórdia?
Não basta que estejamos nus para que Tu brilhes?
Que estejamos vazios para que sejas tudo?
Tu não és um deus que desconfia das mulheres.
Que canoniza os santos e queima as bruxas.
Tu és Belo e Tu amas a Beleza.
Eu frequentemente orei a ti, meu Deus,
Para que me libertasses dos deuses que acusam, desprezam e fanatizam...
E Tu me enviastes a primavera: a amendoeira floriu.
Respirei o belo dia e a grande noite,
Reconheci teu sopro no jardim,
Tua brisa às margens do lago,
Tu me ensinastes que orar mais
É respirar melhor.
Ainda não sei se Tu és o Deus dos amantes,
Se Tu és aquele que ama em todos aqueles que se amam.
Já sei que não és o indiferente,
aquele que deixa chorar o enfermo e a criança,
pois neste caso serias menos que a menor das mulheres.
Meu Deus, não sei quem Tu és!
Por vezes, aquilo que nossos sábios e nossos profetas dizem de ti
nada significa para mim;
eu não te conheço, Mestre das estações,
mas todas as estações falam de ti:
Tu és o Deus da primavera,
a Vida que faz florir, a Vida que faz crescer,
Tu és o Deus do verão,

a Vida que nos ilumina e nos queima.
Tu és o Deus do outono,
a Vida que nos faz amadurecer,
que nos faz carregar frutos e dançar
no momento da vindima.
Tu és também o Deus do inverno,
a Vida que faz morrer, que nos enterra
para melhor renascermos na próxima estação.
Tu és o Deus das amêndoas,
a casca e o miolo de tudo
aquilo que vive e respira.
Tu és a luz que ilumina
todo homem que vem a este mundo,
e, assim como a luz, eu jamais te vi.
O sol é o teu reflexo,
o vento é o teu eco.
Tu és o Deus turquesa
das águas invioladas,
o movimento das suas ondas
da aurora ao poente.
Tu és a palpitação incomparável
cujos vestígios o coração humano esquece ou venera.
Tu és o que Tu és!
Eu te amo sem te ver, sem te tocar,
e, no entanto, eu sei que Tu me destes
olhos para ver e braços para abraçar.
Talvez, em um dia de cores oceânicas,
um homem virá,
para dar a ti um semblante
e abençoar a terra na oferenda
do meu corpo;
então, eu te amarei, meu Deus
como as mulheres amam,
como as crianças,
como a tempestade,
e nós seremos Um[47].

....

47 LELOUP, J.-Y. *O romance de Maria Madalena*: uma mulher incomparavel. Op. cit.

O homem viera e ele dera seu semblante à Vida, a todas as formas de vida. Ele dera seu semblante à vida que sofre, à vida traída, à vida mortal, ele abençoara a terra na oferenda de seu corpo e de seu sopro. Ela o seguira e continuava seguindo-o, aqui, na Gália, como outrora ela o fizera na Galileia. Ela escutava sua presença irrigar suas veias, dar vida a seu sangue, clareza à sua inteligência, compaixão ao seu coração.

> Ela o amava
> como as mulheres amam,
> como as crianças,
> como a leve brisa, como a tempestade,
> como a paz, como a tormenta.
> Eles eram Um, no movimento da vida que caminha
> da vida que se dá...

Míriam de Magdala não conhecia essas escrituras que foram enterradas um pouco mais tarde em Nag Hammadi[48]. Ali entreouvimos uma voz feminina que estranhamente se assemelha à sua. Seria sua passagem nesta floresta, próxima à gruta dos ovos, o mais próximo possível do Deus ou da Deusa "Vida" que as teria inspirado?

> Pois sou a primeira e a derradeira.
> Sou a honrada e a desprezada.
> Sou a prostituta e a santa.
> Sou a esposa e a virgem.
> Sou a mãe e a filha.
> Sou os membros da minha mãe.
> Sou a estéril, mas numerosos são os meus filhos.
> Sou a magnificamente desposada e a celibatária.
> Sou a parideira e aquela que não procriou.
> Sou a consolação das dores do parto.

---

48 Lugar, no Alto Egito, onde, em 1945, foram descobertos vários textos apócrifos escritos em copta [N.T.].

> Sou a esposa e o esposo e foi meu marido quem
> me engendrou.
> Sou a mãe de meu pai,
> sou a irmã de meu marido,
> e ele é a minha prole...
> Tende respeito por mim.
> sou a escandalosa e a magnífica[49].

Por que a história lembra-se apenas da escandalosa e da arrependida? Por que não nos lembrarmos também da magnífica? A Sainte-Baume não é apenas o lugar da sua penitência, é também o lugar da sua magnificência. O lugar onde a mulher não é reconhecida apenas como tentadora, mas como iniciadora, a encarnação da Sofia, aquela que "ora ao Pai em segredo" e conduz a este segredo.

As deusas que assombram com seus grandes corpos férteis a história da nossa humanidade são para o filósofo os símbolos óbvios daquilo que no Ser permanece aberto ou tende a se manifestar.

A deusa é para os deuses aquilo que a Presença (*Shekinah*) é para o Ser (YHWH), ao mesmo tempo seu segredo e sua energia desprendida.

Na biblioteca hebraica[50], dentre suas seções mais gregas, um livro lhe é consagrado: O Livro da Sabedoria (Sofia). Salomão a preferiu aos cetros e aos tronos e, para ele, a riqueza, comparada à sua Beleza, nada era:

> Eu a preferi aos cetros e tronos, e avaliei a riqueza como um nada ao lado da Sabedoria. Não comparei a ela a pedra preciosa, porque todo o ouro ao lado dela é apenas um pouco de areia, e

---

49 Cf. op. cit.

50 A Bíblia [N.T.].

> porque a prata diante dela será tida como lama.
> Eu a amei mais do que a saúde e a beleza, e gozei
> dela mais do que da claridade do sol, porque a
> claridade que dela emana jamais se extingue. Com
> ela me vieram todos os bens, e nas suas mãos
> inumeráveis riquezas. De todos esses bens eu me
> alegrei, porque é a Sabedoria que os guia, mas
> ignorava que ela fosse sua mãe (Sabedoria 7, 8-12).

Mãe, matriz, Deusa... metamorfoses da própria Origem ou da sua essência. Origem que se deixa pensar ou imaginar sob as formas de uma vacância onde se desdobram as profundezas carnais e inacessíveis "daquilo que é".

A Origem, de fato, faz com que pensemos ou imaginemos o Feminino; é por esta razão que cada um a chama de "mãe". Assim, o Presente torna-se Presença, a Sabedoria mantém-se antes e após o Ente, ela é sua mãe, sua esposa e sua filha, ela é a origem capaz de se doar, ela faz passar a última das categorias do Ser àquelas do Dom.

Portanto, compreendemos melhor por que, no Evangelho de Maria (Míriam de Magdala), assim como no Evangelho de Felipe, Míriam, imagem rica e contrastante da Sofia, é ao mesmo tempo mãe, irmã e companheira do Logos encarnado:

> Três caminhavam sempre juntos com o Mestre e
> Senhor: Maria, sua mãe e a irmã desta e Míriam
> de Magdala, que é chamada de companheira, pois
> Míriam é sua irmã e sua companheira (Evangelho
> de Felipe 59,6-11).

Hoje em dia os físicos nos lembram que a causalidade local, essencial para a física clássica, dá lugar a uma causalidade global que, sem se confundir com qualquer tipo de finalidade, determina, contudo, a evolução dos conjuntos de sistemas em interação. Esta causalidade "mais fina" não é, junto à do Criador, a "Criadora", a Sabedoria pela qual tudo existe e sem a qual nada existe?

> Há nela, com efeito, um espírito inteligente, santo, único, múltiplo, sutil, móvel, penetrante, puro, claro, inofensivo, inclinado ao bem, agudo, livre, benéfico, benévolo, estável, seguro, livre de inquietação, que pode tudo, que cuida de tudo, que penetra em todos os espíritos, os inteligentes, os puros, os mais sutis. Mais ágil que todo o movimento é a Sabedoria, ela atravessa e penetra tudo, graças à sua pureza. Ela é um sopro do poder de Deus, uma irradiação límpida da glória do Todo-poderoso; assim mancha nenhuma pode insinuar-se nela. É ela uma efusão da luz eterna, um espelho sem mancha da atividade de Deus, e uma imagem de sua bondade. Embora única, tudo pode; imutável em si mesma, renova todas as coisas. Ela se derrama de geração em geração nas almas santas e forma os amigos e os intérpretes de Deus, porque Deus somente ama quem vive com a sabedoria! (Sabedoria 7,22-28).

"Porque Deus somente ama quem vive com a sabedoria..." poderia Ele agir de outra maneira? De outra maneira, Ele permaneceria Desconhecido. O que seria o Presente sem a sua Presença? A essência sem sua manifestação?

Numerosos são os amantes da sabedoria que, da Antiguidade aos pensadores russos contemporâneos (Soloviev, Bulgakov), conhecem o enlace que fazia Salomão cantar seu "canto dos cantos" – seu Cântico dos Cânticos.

> Eu a amei e procurei desde minha juventude, esforcei-me por tê-la por esposa e me enamorei de seus encantos. Ela mostra a nobreza de sua origem em conviver com Deus, ela é amada pelo Senhor de todas as coisas. Ela é iniciada na ciência de Deus

e, por sua escolha, decide de suas obras. Se a riqueza é um bem desejável na vida, que há de mais rico que a Sabedoria que tudo criou? Se a inteligência do homem consegue operar, o que, então, mais que a Sabedoria, é artífice dos seres? E se alguém ama a justiça, seus trabalhos são virtudes; ela ensina a temperança e a prudência, a justiça e a força: não há ninguém que seja mais útil aos homens na vida. Se alguém deseja uma vasta ciência, ela sabe o passado e conjectura o futuro; conhece as sutilezas oratórias e revolve os enigmas; prevê os sinais e os prodígios, e o que tem que acontecer no decurso das idades e dos tempos. Portanto, resolvi tomá-la por companheira de minha vida..." (Sabedoria 8,2-9).

Pois o que faz de nós deuses, é a Deusa; o que faz de nós homens, é a Sabedoria[51].

Se, como nos lembra a pré-história, a Montanha de Sainte-Baume é a morada da Deusa, com Maria Madalena ela tornou-se a morada da Sabedoria, uma Sofia que desposou o Logos... Uma Natureza que no coração do seu enlace tornou-se "Consciência" e, se continuarmos seguindo ao longo do caminho, chegaremos a "uma gruta mais elevada": uma Sabedoria que se tornou Compaixão...

....

51 Cf. SHAHKRUKH HUSAIN. *La grande déesse-mere* [A grande deusa mãe]. Op. cit., p. 168.

5

A portadora da mirra

Assim como Lacordaire, precisaríamos nos demorar na contemplação dessa floresta onde Míriam de Magdala se refugiou para nos maravilharmos e surpreendermos com ela, para detalhar as raras essências e considerá-la, como muitos hoje em dia, uma floresta "relíquia".

> Não se trata mais do pinheiro esbelto e aromático da Provence, nem do carvalho verde, nem de nenhuma das sombras das árvores que o viajante encontrou em seu caminho; poderíamos dizer que, devido a um prodígio inexplicável, o Norte jogou ali toda a magnificência da sua vegetação... E se penetrarmos nessa vegetação, a floresta nos cobrirá com toda sua majestade que se assemelha em suas profundezas, seus véus e seus silêncios, a essas madeiras sagradas que o machado dos antigos jamais profanaria. Aqui também apenas os séculos podem ter acesso; apenas eles exerceram o direito de abater os velhos troncos e remoçar a seiva, eles reinaram sozinhos e ainda reinam, instrumentos de um respeito que vem de um lugar mais elevado do que eles, e que acrescenta ao pasmo do olhar, o pasmo do pensamento[52].

....

52 LACORDAIRE, R.P.H.D. *Pays de la Sainte-Baume* [País da Sainte-Baume]. [s.l.]: Gilles Mihière, p. 77.

Certas tradições concedem à Maria Madalena uma familiaridade particular com o mundo vegetal. Um dos nomes pelo qual ela é conhecida é o de "portadora da mirra", "aquela que porta os perfumes", particularmente a mirra com a qual ela vai querer untar o Cristo defunto.

Ela não apenas porta os perfumes, ela também os prepara e conhece suas virtudes, virtudes não apenas do "bom odor que expulsa os demônios", mas também virtudes de tratamento e cura.

Não seria inútil fazer, a esse respeito, um pequeno inventário das árvores e das flores que, tanto hoje como ontem, oferecem-se ao olhar e à mão dos passantes. Nós poderíamos encontrar, talvez, na Sainte-Baume, alguns elementos da farmacopeia de Maria Madalena e algumas explicações sobre a sobrevivência nesses lugares muitas vezes considerados "hostis" – hostis para quem? Com certeza para aquele que ignora a vida que respira em si e em todas as coisas, mas não para aquela que, na sua sabedoria e discernimento, faz apenas "um" com tudo aquilo que a cerca.

> Flores, flores em profusão, árvores e arbustos em abundância, mil plantas preciosas colocam-se uma ao lado da outra; uma estreita intimidade, uma perfeita harmonia que abriga mil animais que juntos carregam a própria essência da vida.
> Mestre inconteste de Sainte-Baume diante da qual cada um se inclina, *lou fau*, a faia, obriga ao respeito. Ela toma de assalto as falésias; como um exército que sitia uma cidade fortificada, ela alcança alturas vertiginosas e se ri da fraqueza dos braços dos homens que tentam conter seu tronco para provar sua força e seu tamanho. O pouco de terra que adivinhamos entre os rochedos onde ela cresce parece não mais poder sustentá-la e suas raízes se entre-

meiam desenhando o labirinto de um inextricável novelo para melhor se agarrar à montanha e conseguir sobreviver. A árvore continua, no entanto, generosa, um carvalho sem orgulho nem desprezo pelo orvalho. À sua volta, no húmus por baixo da sua ramagem, ela acolhe humildes flores que ela protege e defende de certa maneira: violetas, primaveras e morangos desabrocharão antes que a poderosa ramagem recubra o chão com sua densa sombra. Então, o selo de Salomão disporá cuidadosamente suas graciosas pérolas imaculadas, ainda mais puras do que o orvalho da manhã.

Se a faia faz figura de senhora dos lugares, é o *lou blai*, esse bordo com folhas parecidas com o vime, as tílias, as amendoeiras e outras árvores que dão nozes, que trazem benefícios aos teixos selvagens, a essência por excelência dessa floresta, que goza da sombra e da umidade que elas trazem. Em nenhum outro lugar da Provence a natureza fará esses teixos crescerem, e isso lhe valeu o cognome de *bos* de *Santo-Baumo*, devido a um crescimento quase desesperador que recompensa sua longevidade. Justamente temida devido ao seu veneno e sua sombra demasiado nocivos, mas procurada para a confecção dos arcos, essa árvore é bela em todas as estações, assim como o seu compadre, o azevinho, dois famosos *simpervirens* que o inverno açoita sem conseguir tirar o verdor. Essa característica peculiar, essa bela cor lustrosa do verde mais escuro, incitava os peregrinos de uma outra época a colher dois raminhos, que o hábito recomendava serem colocados na aba do chapéu. O modesto buquê recebeu o nome de "libré da Sainte-Baume", um sinal que é como um hábito que distingue as crianças de uma mesma família, reunidas sob o estandarte de Santa Maria Madalena. Elos sem fim confundem os limites entre o mundo encantado da floresta, o espiritual e o sagrado.

Ao querer, através do extraordinário, conceder algumas das maravilhas da Sainte-Baume às deusas antigas, pois a região também conta com seu Monte Olimpo em seus limites setentrionais, apenas Flora, dentre todas suas irmãs, poderia pretender a uma justa parte. Ei-la à obra, deixando derramar da sua pequenina mão muitos prodígios por toda a floresta. Fiel sentinela ao longo dos caminhos, a anêmona hepática orna com mil manchas pálidas e malvas as escuras trepadeiras dos troncos, graciosa como uma violeta de Parma que brinca com sua aparente fragilidade. E quando, no segredo da natureza, o fétido eléboro[53] sucede à pequena "violeta dos feiticeiros"[54] ou à doce eufórbia[55], a poesia dos nomes faz adivinhar complexas virtudes, mas essas flores jamais censurarão os homens e seguirão seus próprios destinos. Então, a doce aquilea[56] pode distender suas longas pétalas, tão longas que elas parecem asas que lhe conferem uma graça aérea. Flor tornada pássaro ou pomba transformada em flor, ela simbolizará o Espírito Santo nos meandros sutis do buquê[57]. De repente, em um instante despontando da sombra, desvelada por um raio de sol que a torna ainda mais tentadora, brilha a temível beladona. Para aqueles que ignoram sua violência, essa planta se mostra fatal, mas ao apreendermos os arcanos da medicina, com o ruibarbo selvagem

---

53 *Eléboro fétido*, cujo nome científico é *Helleborus foetidus*, planta que possui forte odor, muito amarga e de sabor nauseabundo. É um purgativo violento e era usada pelos antigos como um remédio contra a loucura e a imbecilidade [N.T.].

54 Nome científico: *Vinca Minor*, popularmente conhecida por "Erva da Inveja" ou "Violeta dos Feiticeiros", de cor violeta ou branca e que floresce entre os meses de março a maio. Ela pode ser tóxica e causar vômitos, caso ingerida [N.T.].

55 Nome científico: *Euphorbia characis*, pequeno arbusto florido de cor verde e amarela que floresce de março a junho, cuja ingestão também é tóxica [N.T.].

56 Nome científico: *Aquilegia Vulgaris*. A aquinea, espécie que dá belas flores violetas e brancas, é uma planta medicinal que pode ser venenosa se mal utilizada [N.T.].

57 No original em francês: "dans les méandres subtils du sélam". "Sélam" é uma espécie de buquê cuja composição tem uma determinada significação [N.T.].

e com a infinidade das outras simples plantas que crescem na floresta, o perigo torna-se benfazejo. Aliás, durante muito tempo, as autoridades religiosas concederam as permissões requeridas aos boticários da região para virem colher suas ervas e com elas preparar unguentos, opiáceos e panaceias[58].

É interessante notarmos que hoje em dia não são os feiticeiros ou feiticeiras que falam da "inteligência da natureza" ou do "saber das plantas"; também encontramos essas palavras entre os cientistas.

Para Toshiyuki Nakagaki, o pesquisador que demonstrou que os mixomicetos podem resolver os labirintos: "O cérebro é um objeto interessante no sentido de ser um excelente computador, mas nós não sabemos como ele funciona. E nós também não sabemos como os micro-organismos privados de cérebro administram o tratamento da informação. De fato, o que nós realmente ignoramos é até que ponto um micro-organismo é capaz de processar a informação. Os cientistas começaram a estudar o processamento da informação entre os organismos multicelulares providos de cérebro como as plantas; as células vegetais transmitem mutuamente as informações através de sinais, por exemplo, os átomos, encarregados do cálcio. Nossos neurônios fazem o mesmo. As células das plantas também possuem seus sinais particulares, que tendem a ser proteínas e filamentos relativamente longos de DNA. As moléculas se deslocam no interior da planta, fornecendo a informação de uma célula a outra. As células individuais das plantas parecem ser igualmente dotadas de uma capacidade de saber[59].

---

58 *Le pays de la Sainte-Baume* [O país da Sainte-Baume"]. Op. cit., p. 80-81.
• MIHIÈRE, G. *Les Moix*, dez./2004.

59 NARBY, J. *L'Intelligence dans la nature* – En quête du savoir [A inteligência da natureza – em busca do saber]. [s.l.]: Buchet Chastel, 2005, p. 163.

Essa não é, evidentemente, a linguagem de Maria Madalena ou a dos xamãs contemporâneos que se comunicam com "o espírito das plantas", mas não é interessante notarmos, através dessas diferentes linguagens, que o mundo vegetal que nos cerca "quer" o nosso bem? Essa não é uma simples metáfora, o mundo vegetal pode nos curar se nós não o destruirmos e se nós nos tornarmos capazes de escutá-lo.

Laine Roht, uma curandeira estoniana que usa as plantas nas suas curas, responde da seguinte maneira ao antropólogo Jeremy Narby quando este lhe pergunta como ela tornou-se curandeira:

> Ela replicou dizendo que seu tio-avô fora um curandeiro e que ela nascera com esse dom. Ela disse que as plantas lhe falavam, revelando em qual momento seu poder curativo estava no seu estado máximo e quando ela deveria colhê-las. Ela acrescentou que, por vezes, isso acontece à noite quando ela está repousando; ela recebe as instruções, levanta-se e vai rumo àquelas plantas sobre as quais ela recebeu alguma informação. A informação recebida é sempre justa, diz ela. E quando as pessoas contam sobre suas doenças, ela sente os efeitos no seu próprio corpo, que age como um espelho. Mais tarde, quando ela toma conhecimento de que as plantas vão curar a doença, ela sente um alívio na parte do seu corpo que tem empatia com a pessoa doente. Ela não elaborou racionalmente sobre a forma pela qual ela recebe as instruções dadas pelas plantas ou a respeito das plantas.
> Sua concepção das coisas lembrou-me certos xamãs encontrados na Amazônia. Eu decidi ir direto ao ponto e perguntei-lhe se ela poderia me dizer mais sobre a inteligência da natureza. Ela balançou a cabeça e respondeu: "Ninguém jamais me fez essa pergunta". É difícil penetrar na natureza. Não tenho palavras para isso. Essas palavras não

existem. Ninguém jamais saberá como as plantas e os humanos são feitos, ou o que decorrerá deles. Isso continuará a ser um segredo[60].

Mais uma vez, trata-se de um "segredo", um dentre outros, cuidadosamente guardado pela portadora da mirra, mas as flores e as árvores de Sainte-Baume transmitem um eco e o perfume do seu segredo. Passear nessa "natureza divina" não apenas "nos faz bem", mas também abre nosso coração a uma compaixão que não se dirige apenas aos humanos, mas a tudo aquilo que existe, a esse universo do qual somos, talvez, os membros mais frágeis e mais feridos.

....

60 Cf. ibid.

6

A caminho rumo ao topo da montanha

O Mestre e Senhor tinha lhe ensinado a olhar o vento, "não sabemos nem de onde ele vem nem para onde vai". Ela observava durante longas horas o cimo das árvores e o ar em movimento que fazia com que elas ondulassem; movimento imperceptível, intocável e, no entanto, muito sensível, não apenas nos seus cabelos, mas também na sua pele, quando o vento mistral ditava, a golpes de chicote, um inverno impiedoso.

Ela observava o vento, mas o vento também estava no seu interior, o mesmo movimento animava as folhas das árvores e agitava os brônquios – observar o vento no interior ou no exterior era observar a Vida invisível que faz viver tudo aquilo que respira.

"A alma do mundo" não era para ela uma ideia, mas o Sopro que ela observava a cada dia, principalmente entre as árvores, no peito ofegante dos lobos e dos javalis, mas também sob as plumas dos pássaros... às vezes até mesmo na seiva dos musgos. Ela respirava a plenos pulmões o movimento da vida que se dá, esse era o seu alimento essencial.

Quando ela fazia apenas um com a respiração da Vida, todos os medos eram afastados, esse "conhecimento através do Sopro" a tornava irmã de todos os seres, ela podia falar da "sua irmã água" e do "seu irmão sol", assim como dos seus amigos, os animais selvagens e as plantas medicinais...

Fazer apenas um em seu sopro com a respiração da Vida é entrar em comunhão com tudo aquilo que vive e respira, com a Vida, na Vida...

Essa atenção ao vento, ao sopro, à respiração da Vida, a ajudava a se aproximar da consciência na qual Yeshua vivera.

Frequentemente ela se questionava como Yeshua via os homens, as plantas, os animais e tudo aquilo que nós chamamos de vida, felicidade, sofrimento, prazer, doença, morte...?

Quando criança, ela se perguntava: "Como as abelhas e os cavalos veem o mundo? Quem sou eu aos olhos do sapo ou da toupeira?" Isso fez com que ela relativizasse seu "ponto de vista", sua maneira de ver. O que ela via nunca era, evidentemente, a realidade, mas sempre o seu ponto de vista, sua "maneira" de ver. Por que os homens impõem seu ponto de vista, sua maneira de ver como se esta fosse a realidade? Não vivem a formiga e o cavalo no mesmo mundo e, ao mesmo tempo, em mundos diferentes?

O mundo no qual vivia Jesus era o mesmo mundo no qual ela vivia ou era um outro? "Eu estou no mundo e não sou deste mundo", dizia Ele...

É isso que ela teria querido conhecer, compartilhar: o olhar, o ponto de vista, a visão de Yeshua sobre o mundo. De que maneira Ele representava o outro, o Todo Outro, o mais próximo e o mais afastado, sua maneira de colocar em imagem o mundo que o cercava, sua maneira de "imaginá--lo" tal qual ele é?

Cada um vive no seu mundo, ou seja, cada um vive na sua imaginação, na sua maneira de representar, de colocar em imagem o mundo. A maneira de ver de Míriam era tão diferente da maneira de ver do elefante quanto da do sábio...

Ela teria querido entrar na consciência de Yeshua, ver as coisas como a luz as vê – não tinha sido a isto que Ele quisera iniciá-la?

Ver o mundo como Deus o vê – será que essa era uma visão impossível ao homem? No entanto, não era isso que ela pressentia quando seu corpo estava calmo, seu espírito em silêncio e seu coração na compaixão? Ela via, em tal caso, as coisas de "outra maneira"...

Yeshua era, então, sua consciência; não a sua consciência ampliada, mas sua consciência infinita, ela via todos os seres a partir do interior, como o Sopro, no movimento invisível da vida que se dá... Ela via o mundo sem palavras e sem imagem; durante alguns instantes, ela via "aquilo que é" tal qual isso é, sem representações, sem imagem. Ela permanecia, não sem imaginação ou sem pensamentos, já que ela estava nos seus limites e na forma que a vida infinita lhe dava a encarnar. Ela permanecia "além" de toda imaginação e de todo pensamento, contendo-os, relativizando-os: "aquilo que é, é".

Aquilo que é, é a coisa, sua representação e sua não representação: é o Real e as realidades que o manifestam e não o manifestam inteiramente. Novamente ela aceitava "tudo": a coisa, seu olhar sobre a coisa, o olhar dos outros, plantas, animais e homens sobre a coisa, o olhar de Yeshua, o olhar de Eu Sou, do Ser no coração das coisas.

Assim como em certos momentos sua respiração unia-se ao Sopro infinito (o infinito de onde vem o inspirar – o infinito para onde vai o expirar), sua visão participava da consciência infinita na qual apareciam e desapareciam as mil e uma coisas.

Assim como ela "assistia", no interior de si própria, ao aparecimento e ao desaparecimento dos seus pensamentos no claro silêncio, da mesma maneira ela "assistia", no exterior, ao aparecimento e ao desaparecimento dos universos no claro silêncio. Em momentos que eram cada vez mais longos, ela sentia o claro silêncio como sendo sua verdadeira morada.

7

Um caminho de alegria
Rumo à gruta da compaixão

1) Não julgar

> Até agora vós não me haveis nada pedido em meu nome, pedis e recebereis para que vossa alegria se realize.

Míriam lembrava-se das palavras do Mestre e Senhor. Ela surpreendia-se por ter levado tanto tempo para compreender o que Ele quisera lhe dar e que ela jamais havia pedido: a alegria...

Por que somos tão apegados a nossas dores, a nossos caminhos de cruz e por que lembramo-nos mais dos sofrimentos suportados por Yeshua, da sua paixão, da sua morte, do que das suas alegrais, dos seus momentos de felicidade, da sua paciência, da sua ressurreição?

Por que gostamos tanto de ser vítimas, vítimas da vida, vítima do Outro, dos outros, ao invés de sermos os discípulos da vida, à escuta do Outro e dos outros?

Yeshua jamais considerara Míriam como uma vítima, vítima da sua hereditariedade, da sua educação, dos seus encontros ruins; Ele sequer a considerava vítima dos seus demônios. Seu olhar sobre ela era sem piedade, sem pena, ele simplesmente a olhava tal qual ela era, Ele não a julgava, ou seja, Ele não a fechava na imagem que os outros, a sociedade, a lei e a religião podiam ter dela. Ele não a fechava em um olhar particular, seus olhos estavam bem abertos e seu olhar pousado sobre ela, como janelas, e por essas janelas passava o vento, o sopro da liberdade – ela não era apenas "isso": pobre vítima, encadeamento de causas e efeitos, pacote doloroso de memórias.

Ela era livre para dar um passo a mais, para avançar, para sair da imagem que faziam dela, da identidade com a qual tentavam identificá-la.

Foi o primeiro passo no caminho da alegria, a alegria de não ser julgada, de não ser fechada em um *status* de culpada ou vítima. "Eu Sou" não julga ninguém", dizia Yeshua. Cada um julga a si mesmo e projeta a maneira como ele se julga, consciente ou inconscientemente, sobre os outros.

Aquilo que chamamos de inferno ou paraíso é o estado no qual nos encontramos quando julgamos a nós mesmos. Míriam, no olhar de Yeshua, não estava no paraíso, mas ela também não estava mais no inferno – ela estava em outro lugar, no país da liberdade, responsável por seus atos e capaz de não se fechar no *status* de vítima "culpada" dos seus efeitos.

Não ser julgada é não "ficar estanque sobre uma imagem", é poder continuar seu caminho, fazer das suas faltas uma etapa de um processo de transformação. Se há uma alegria por não sermos julgados, ou seja, por sermos reconhecidos e aceitos tais quais somos, sem condenação (culpado), mas também sem complacência (vítima), há também uma alegria por não julgarmos.

> Não julgueis [repetia Yeshua incessantemente] para não serdes julgados, pois, da maneira como julgardes, vós também sereis julgados.

Observem os outros sem acusá-los e sem lamentá-los – quanta verdade e alegria! Vê-los como eles são e não "fechá-los" na imagem que temos deles, ou seja, naquilo que projetamos de nós mesmos e da nossa história sobre a tela dócil de seus comportamentos.

Isso não quer dizer ser um tolo, permitir tudo e perdoar tudo; significa permanecer livre e lúcido para com a veracidade da nossa percepção e do valor de interpretação que damos a ela. Livres e lúcidos igualmente para com a grandeza e a fraqueza, daquele que paramos de "olhar de lado" para "olhá-lo de frente", ou seja, para devolver-lhe a dignidade de um semblante que nos olha, além de olhar para frente ao invés de se voltar para trás.

A respeito do julgamento e desta terrível tentação que os humanos possuem de se julgarem uns aos outros, ela lembrava-se da oração de Yeshua: "Não nos deixeis cair em tentação", a tentação de julgar, que foi a de Adão, a tentação de "tomar-se pelo Deus que conhece o Bem e o Mal" em suas raízes, poderíamos dizer, já que Ele é o Ser que faz existir tudo aquilo que existe.

Yeshua tinha, a este respeito, estranhas parábolas – a do joio e do trigo a tinham particularmente tocado. Em um mesmo campo, cresce o trigo e o grão ruim. Yeshua pedia que o grão ruim não fosse arrancado antes da hora por medo de que o trigo pudesse ser arrancado junto. Aceitar em nós mesmos esta mistura de trigo e joio, imaginar que o trigo é o mais forte e que no dia da colheita os grãos ruins já terão sido afastados, imaginar que o mal tem menos força do que a Vida e que, no final, a alegria será mais forte...

Mas nem todos os discípulos estavam de acordo. É preciso "julgar" o grão ruim, queimá-lo em "um fogo que não tem fim"... e eles imaginavam conclusões bizarras às histórias que Yeshua lhes contara na véspera, pois Yeshua era um grande contador de histórias, um poeta, assim como todos os orientais. Ele também sabia como nos assustar, ou melhor, como nos tornar conscientes das consequências que nossos atos podem vir a ter.

Ela lembrava-se deste relato em preto e branco que Ele nos fizera do julgamento final:

> E quando o Filho do Homem vier em sua glória, e todos os santos anjos com Ele, então se assentará no trono da sua glória. E todas as nações serão reunidas diante dele, e apartará uns dos outros, como o pastor aparta dos bodes as ovelhas. E porá as ovelhas à sua direita, mas os bodes à esquerda. Então dirá o Rei aos que estiverem à sua direita: "Vinde, benditos de meu Pai, possuí por herança o reino que vos está preparado desde a fundação do mundo. Porque tive fome, e destes-me de comer; tive sede, e destes-me de beber; era estrangeiro, e hospedastes-me, estava nu, e vestistes-me; adoeci, e visitastes-me; estive na prisão, e foste me ver". Então os justos lhe responderão, dizendo: "Senhor, quando te vimos com fome, e te demos de comer? ou com sede, e te demos de beber? E quando te vimos estrangeiro, e te hospedamos? ou nu, e te vestimos? E quando te vimos enfermo, ou na prisão, e fomos ver-te?" E, respondendo o Rei, lhes dirá: "Em verdade vos digo que, quando o fizestes a um destes meus pequeninos irmãos, a mim o fizestes." Então dirá também aos que estiverem à sua esquerda: "Apartai-vos de mim, malditos, para o fogo eterno, preparado para o diabo e seus anjos, pois tive fome, e não me destes de comer; tive sede, e não me destes de beber; sendo estrangeiro, não me recolhestes; estando nu, não me vestistes; e enfermo, e na prisão, não me visitastes". Então eles também lhe responderão, dizendo: "Senhor,

> quando te vimos com fome, ou com sede, ou estrangeiro, ou nu, ou enfermo, ou na prisão, e não te servimos?" Então lhes responderá, dizendo: "Em verdade vos digo que, quando a um destes pequeninos o não fizestes, não o fizestes a mim". E irão estes para o tormento eterno, mas os justos para a vida eterna[61].

No final do relato, todos estavam trêmulos e o fogo em torno do qual eles estavam reunidos nada mais tinha de infernal ou eterno, ele fora reduzido a algumas brasas...

Contudo, Yeshua não quisera assustá-los, Ele estava apenas lembrando-os de suas próprias palavras:

> Tudo que fizeres ao menor dentre os meus, é a "Eu Sou" que o fazeis. Aquele que tem fome, aquele que está nu, aquele que está na prisão, é "Eu Sou". Não reconhecer a presença de Deus, a presença do Ser em todo ser, é permanecer cego, é estar privado da luz que é "Eu Sou" em nós, que reconhece "Eu Sou" no outro, é estar no "inferno", fechado em si mesmo.

Yeshua pede que saiamos do "inferno" para entrarmos no "aberto". Alguns discípulos guardaram apenas as últimas palavras da parábola – eles esqueceram-se do convite a reconhecermos "Eu Sou" presente em tudo e em todos, para enviarem alguns a um inferno eterno... Mas quem eles acham que são para enviar "Eu Sou" para o inferno?

O Evangelho não foi escrito para julgar os outros, mas para nos conhecermos a nós mesmos, para reconhecermos nossa cegueira, nosso "fechamento", ou seja, o fechamento da nossa inteligência e do nosso coração.

---

61 Mateus 25,31-46.

> Em verdade, eu vos digo, ao não amardes um desses pequenos, é "Eu Sou" que vós não amastes, é Deus que vós não haveis reconhecido...

O inferno é o local onde Deus não está, é o lugar onde o Amor não está, "o inferno é não amar", mas onde o Amor não está? Não veio Ele visitá-la em seu egoísmo, seus julgamentos e seus medos, ela, Míriam, ela e os outros? Ele não desceu mais profundo do que "eu" para descobrir "Eu Sou" ali fechado?

Deus não está, o Amor não está onde o recusamos... É verdade, há esta possibilidade e isto é o inferno, pensava Míriam, mas não posso imaginar uma recusa eterna, haverá um momento onde "quebraremos" diante da Beleza: um momento onde o gelo se derrete em lágrimas, o coração volta a ser líquido como um "rio de água viva"...

As consequências de um ato finito não podem ser infinitas – isso simplesmente não é possível. Por que os homens imaginariam o impossível, aquilo que Yeshua jamais quis imaginar? É possível recusar o perdão, a misericórdia infinita do Ser, é possível fechar suas cortinas à luz do sol, mas não é possível impedir que o sol brilhe e sua luz envolva as cortinas cerradas e a porta fechada...

Yeshua não forçou a minha porta, pensava Míriam, fui eu quem suavemente me abri à sua claridade, como um corpo sensível à luz, eu me abri suavemente à presença de "Eu Sou". Eu entreguei as armas do medo, da culpa e da complacência, Ele não me julgou, Ele não julga ninguém.

Ele é o julgamento final: Seu olhar de criança, sua Inocência... Em sua Presença nós não nos sentimos culpados, não nos sentimos condenados, mas também não nos sentimos jactados ou falsamente seguros, nos sentimos terrivelmente amados. Sim, isto é o julgamento final: nós seremos julgados pelo Amor, nada existe de mais terrível e, no entanto, não há nada nem ninguém a temer... (além do nosso medo de sermos amados, infinitamente amados).

Descobrir "Eu Sou" que nos olha de fora, que olha apenas "Eu Sou" dentro de nós e trata-se de um único "Eu Sou"; a luz conhece a luz e é nesta luz de "Eu Sou" em nós e fora de nós que nós poderemos, por nosso lado, "não julgar".

2) Perdoar

Existe a alegria de não sermos julgados e a alegria de não julgar; isto é apenas o início da alegria, não foi isto que a colocou em marcha, o caminho estava aberto, ela não era mais nem culpada, nem vítima, ela tinha encontrado um olhar que não era nem castrador, nem piedoso, nem acusador, nem complacente, mas ainda lhe faltava a força para enveredar por este caminho, a força para acreditar em sua frágil liberdade, em sua capacidade para "fazer todas as coisas de maneira nova", libertar-se dos seus determinismos e das consequências dos seus atos passados.

Faltava-lhe ainda uma palavra que lhe dissesse não apenas "eu não a julgo", mas "eu a perdoo, agora – vá!"

"Vá" é a palavra breve que resume todo o Evangelho. É a grande palavra breve que a ergue quando ela está deitada, lavada em lágrimas aos pés de Jesus; de agora em diante ela não estará mais aos pés de ninguém, ela avança livre, sem julgar, capaz também de perdoar.

Mas o que é perdoar?

"Literalmente, perdoar é não se fechar e não fechar o outro nas consequências dos seus atos, é ir além daquilo que nos foi dado a ver, ouvir e constatar. Perdoar é sair do inferno, do fechamento naquilo "que foi dado", é achar uma saída para que a Vida continue a viver, dar-se além daquilo "que foi dado".

Na linguagem dos orientais, diríamos que se trata de parar de se identificar ao resultado dos nossos atos (*karma*): nem eu nem o outro somos redutíveis à soma dos nossos atos passados, ao nosso *karma*; nós permanecemos abertos, um futuro é possível. O perdão liberta o presente e o futuro.

Assim, perdoar alguém não é negar seus atos. O mal que ele nos fez, consciente ou inconscientemente, reclama uma explicação e, às vezes, pode gerar raiva e exigir justiça. Mas perdoar é não identificar o outro ao mal que ele nos fez; ele ainda é "outro" e ele é mais do que a soma dos seus atos.

Perdoar é libertar o olhar (do corpo, do coração e da inteligência) da obsessão do *déjà-vu*[62] do outro. Um homem que roubou não deve ser reduzido à soma dos furtos que ele cometeu, ele não é apenas um ladrão. Se jamais perdoarmos o seu roubo, ele permanecerá para sempre fixado na postura na qual nós o vimos ou surpreendemos. Uma mulher que nos mentiu ou traiu não deve ser reduzida à soma das suas mentiras ou traições. Perdoar-lhe é lembrar-lhe que ela não é apenas traições e mentiras...

Deveríamos refletir longamente sobre todas as implicações metafísicas do ato de perdoar. Qual qualidade do Ser revela-se ali e se dá a viver no ato do perdão? Não seria o próprio Deus, YHWH, o "Ser assim"? De fato, "quem pode perdoar se não for apenas Deus?" Não é o perdão o ato atra-

---

62 No original em francês: "já visto" [N.T.].

vés do qual um ser humano transcende a si mesmo e vai além da imagem que ele tem do outro e de si mesmo? Não existe nesse ato mais nobreza, mas também mais transcendência (ou seja, alteridade) que em não importa qual exaltação de um poder, mesmo sendo a do "sobre-homem" que é a exaltação do "mesmo"?

A qualidade do Ser da qual o homem participa no ato do perdão não é aquilo que as tradições chamaram de compaixão ou de misericórdia? A dimensão "matricial", diria Chouraqui[63], do Ente?

Isso não nega em nada a justiça. Antes de perdoar, devemos nos lembrar de que existe uma exigência de justiça, de clareza e de esclarecimento. Mas Yeshua indica de maneira precisa: "Se a sua justiça não for maior do que a dos fariseus, de que ela serve?"

Sem perdão, a vida entre os humanos não poderia ser vivida; esse tema é incessantemente retomado no Evangelho. Perdoar setenta e sete vezes as faltas dos outros, aceitá-los na sua finitude, para que eles também nos aceitem na nossa finitude e nas nossas faltas. Existe aí toda uma arte de viver onde a paciência é um outro nome para o amor"[64].

Míriam lembrava-se desta estranha coincidência: o momento em que ela se sentiu perdoada foi o mesmo momento em que ela perdoou todos aqueles que a tinham ofendido desde a sua tenra infância; havia nisso uma alegria e uma liberdade infinitas que ela não podia deixar de chamar

....

63 André Chouraqui (1917-2007), escritor, poeta, tradutor dos textos sagrados e peregrino da paz [N.T.].

64 LELOUP, J.-Y. *Deus não existe!* – Eu rezo para Ele todos os dias... Petrópolis: Vozes, 2008.

de YHWH, Aquele que É, Aquele que Ama, ou *Abba*, como Yeshua o chamava.

Quando ela o ouvira dizer a Simão: "Seus pecados, seus muitos pecados, lhe são perdoados"[65], ela sentiu-se aliviada de todo o peso do seu passado; era como se ela tivesse sido projetada no puro Presente, a pura Presença, e nesta Presença ela sentia o Dom, o perdão que é a própria Presença do Ser que É. Simão parecia não compreender, ele a via como ele a havia conhecido, com todo seu passado e os escândalos que ela provocara comportando-se como os homens que, sozinhos, tinham o direito de estudar a Torá; ele a via como uma "fora da lei", fora da "lei dos homens" justamente[66].

Yeshua a via como ela era naquele instante presente; isto também é perdoar: ver o outro tal qual ele é neste instante, em sua nudez, não cobri-lo, não enterrá-lo com todos seus atos passados...

E o que Yeshua via em Míriam naquele instante era o amor, nada mais do que o amor e o Amor é pura presença àquilo que está presente, ao "Eu Sou" presente nela assim como nele, ao "Sopro" que os respira...

O que Yeshua via em Simão eram seus pensamentos e julgamentos; ele não está presente àquilo que está presente, ele está no seu mental, em suas memórias; ele não está em seu coração.

....

65 Referência a Lucas 7,47: "Por isso te digo que os seus muitos pecados lhe são perdoados, porque muito amou; mas aquele a quem pouco é perdoado pouco ama".

66 Cf. LELOUP, J.-Y. *O romance de Maria Madalena*: – Uma mulher incomparável. Op. cit. • *O Evangelho de Maria*. Op. cit.

Estar no coração é estar no lugar do dom e do perdão. É estar na câmara nupcial onde o Ser criado uniu-se ao Ser incriado; não é o lugar do gozo, é o lugar da alegria.

Simão está triste; é triste ter que condenar e julgar os outros, isto não é ofício de homem. Na Bíblia, o acusador não é nem um Deus, nem um anjo, nem um homem, é um demônio. É a própria tristeza, a tristeza daqueles que não amam, que não amam a Presença no coração de tudo aquilo que está presente. Míriam pensava novamente no inferno; "o inferno é não amar" e, então, consequentemente, "o inferno são os outros". É deste inferno que Yeshua acabara de nos libertar; não apenas Míriam, mas também Simão.

O fogo do inferno e o fogo do Amor são o mesmo fogo. O Amor aceito ou o Amor recusado – o fogo queima apenas aquilo que não é fogo. O fogo não queima o fogo, a Vida não destrói a Vida, apenas a morte. O Amor consumirá em nós tudo aquilo que não é Amor, apenas Deus permanecerá no homem. Míriam não "resistiu" ao fogo, ela disse "sim", "*fiat*"...

Além da alegria de não ser julgada e de não mais julgar, além da alegria de ser perdoada e de perdoar, ela conheceu, então, a alegria da Absolvição.

3) A absolvição

Existe no homem uma grande necessidade de absolvição: de absoluto e de solução.

Míriam fizera a experiência de que o lugar de nós mesmos onde somos "absolvidos" é o mesmo lugar onde somos "dissolvidos". O que acontece com os flocos de neve sobre a pedra quente do coração?

Não existe mais identificação às consequências dos nossos atos passados, não somos apenas isto: este encadeamento de causas e efeitos, "este miserável pequeno monte de segredos" – há em nós um espaço imaculado, livre de todas as sobreimposições mentais, emocionais, afetivas, que o toldam; a soma dessas sobreimposições ou identificações é o que chamamos de "eu", aquilo que "dentro em breve" vai desaparecer.

É este eu que deve ser absolvido, é este eu que deve ser dissolvido. Essa dissolução é a dissolução de todas as tensões e de todas as crispações que nos estruturam e nos constituem; é também a saída, a solução, a Absoluta Solução que nenhuma nuvem pode ocultar, o céu sempre imaculado.

A Absolvição é a dissolução das identificações que nós tomávamos por nossa identidade, a dissolução das realidades que nós tomávamos pelo Real absoluto.

A Presença e o Amor de Yeshua tinham dissolvido em Míriam todas suas tensões, suas apreensões, seus medos, tudo aquilo ao qual ela era identificada ou aquilo ao que ela se apegava como se aquilo fosse ela mesma. Em sua Presença, ela desaparecia nele e nele ela se via completamente outra: virgem, imaculada...

"Levamos muito tempo para nos tornarmos jovens", também levamos muito tempo para nos tornarmos virgens.

Em Presença de Yeshua, em presença de "Eu Sou" nela, ela era sempre virgem, como um céu sem nuvens, como um espírito sem pensamentos, como um coração sem julgamentos, como um corpo sem tensões. Ela estava em um claro silêncio, vivo e vibrante e é neste claro silêncio que era engendrado aquilo que mais tarde chamaremos de sua compaixão ou seu poder de intercessão por todos os seres vivos – "o *Ágape* se fez carne nela".

Ali estava o sentido da sua Presença, na gruta do coração, na Montanha de Sainte-Baume; do seu claro silêncio, da sua alegria por ser "assim", elevava-se um canto de louvores, misturado a lágrimas, pois o Amor, dizia ela, "o Amor ainda não é amado..."

Caminho de alegria e caminho da cruz, descidas e ascensões, todos os caminhos só encontram uma saída e um sentido "na" e "pela" compaixão. A compaixão, que não é uma emoção, sequer um sentimento, mas o fruto de um coração silencioso, de um espírito imaculado, o fruto de um ser que se conhece como não julgado, perdoado e absolvido e que intercede para que este fruto, para que esta alegria misteriosa, luz consciente, vida infinita, sejam saboreados, provados por tudo aquilo que deseja, pensa e respira...

8
A vida selvagem e a vida evangélica de Míriam de Magdala na Sainte-Baume

Míriam tinha fome. Ela não sabia caçar.

Na floresta de Sainte-Baume e nas outras florestas de alhures, as codornas não caem do céu já grelhadas, e ninguém jamais ouviu falar do maná com gosto de mel que poderíamos colher todas as manhãs sobre os rochedos ou entre os musgos.

Para aquele ou aquela que tem fome, qual o valor de toda filosofia, de toda espiritualidade ou poesia diante de um prato de lentilhas?

Nenhum...

Qual o efeito dos belos discursos sobre a verdade, o amor, a paciência, a impermanência de todas as coisas etc. quando temos a barriga vazia e a barriga ocupa todo o espaço e nos devora o coração e o resto?

Míriam não pensava em mais nada, não vivia para mais nada a não ser por um prato de lentilhas. As árvores de Sainte-Baume podiam lhe dar todos os tipos de flores e perfumes, isso só a irritava e fazia aumentar sua fome.

"Tenho fome" – será que essa é uma prece que Deus não iria ouvir?

Naquele dia todas as palavras de Yeshua lhe pareceram vãs, até mesmo ofensivas:

> Não vos inquietais por vossas vidas, não vos inquietais pelo vosso corpo, com que ireis comer ou vestir.

Será que Yeshua jamais sentira fome? Será que ele jamais caminhara nu em pleno inverno em uma floresta hostil para falar dessa maneira? Míriam tinha fome, ela estava nua, ela se inquietava pela sua vida, ela estava pronta a renegar todo o Evangelho que ela tinha ouvido por um prato de lentilhas...

Que aquele que jamais teve a barriga vazia, que aquele que jamais sentiu fome, jogue-lhe a primeira pedra...

Todos os escritos de Sabedoria foram escritos apenas para aqueles que têm a barriga cheia, pensava ela, para aqueles que podem se dar ao luxo de ter um espírito ou uma grande alma, pois eles não têm uma barriga que dói.

Míriam compreendeu que ela não passava de um animal; ela, que era tomada pela noiva de um Deus, ela que já era tomada por uma encarnação da Sofia... Não, um animal, uma mulher selvagem que não sabia caçar, mas que sentia crescer em si todos os tipos de garras. Ela estava pronta a saltar sobre o que quer que fosse, quem quer que fosse. Ela esqueceu o prato de lentilhas – era uma imagem, um pensamento em excesso, uma lembrança que a separava do seu instinto, do seu impulso em fazer aquilo que é justo no momento presente.

Ela se jogou sobre a terra e, rastejando, com o nariz enfiado nas folhas mortas, ela encontrou seu alimento – mas será que aquilo ainda era um nariz? Mais parecia um focinho, como o dos javalis, esses irmãos da floresta... Ela não encontrou um prato de lentilhas, nem nada daquilo que ela conhecera anteriormente, ela encontrou algo que tinha um gosto e um odor indescritíveis; sem dúvida era aquilo que chamaremos mais tarde de trufas...

Ela se alimentou ainda de um pouco de terra e de ervas e bebeu da fonte. Ela compreendeu, então, o que Yeshua quisera dizer com "não se inquietar". Isso queria dizer "não acrescentar", não acrescentar sua fome futura à sua fome presente, sua dor que ainda está por vir à sua dor que está presente – aquilo é o suficiente.

Aquilo que nos é dado no momento presente é o único necessário. Míriam passou a observar mais cuidadosamente os animais da floresta: realmente, eles não se inquietavam com o amanhã, eles pareciam se inquietar apenas quando tinham fome... mas não, eles não se inquietavam, eles despertavam, eles tinham fome e era sua fome que lhes ditava os atos necessárias para encontrar o alimento que eles precisavam antes de voltar ao seu descanso, à sua tranquilidade que parecia ser a sua natureza essencial.

> Não é a vida mais do que o alimento; não é o corpo mais do que as vestes?

Como a Vida pode ser um alimento? Os discípulos, ao lhe indicarem a floresta de Sainte-Baume como refúgio, imaginavam, sem dúvida, que ela se alimentava "de amor e água fresca". Será que eles realmente sabiam o que era a fome? Mas será que ela sabia o que era "nutrir-se da Vida"? Ela tinha vindo aqui para aprender...

Foram precisos vários meses para compreender que "o homem não vive apenas de pão", de lentilhas, de trufas oferecidas pela terra ou de codornas caídas do céu; mas também de ar e de sopro... Ela aprendeu a respirar profundamente, ali havia um alimento sutil, ela jamais o imaginara ou pensara; no entanto, ela se lembrava que Yeshua comia pouco, a não ser quando Ele estava com seus amigos; nesses momentos Ele sabia apreciar as carnes gordas e o bom vinho...

Quando os discípulos ficavam inquietos por causa da fome, Ele respondia: "Eu tenho um alimento que vocês não conhecem... Meu alimento é fazer a vontade do meu Pai".

Tantas palavras estranhas que aqui ela compreendia melhor. *Abba* – para Ele, essa não era apenas uma palavra, mas uma Presença, a Presença que o acompanhava, e essa Presença preenchia não apenas o coração e o espírito, mas também o ventre, Ele se mantinha inteiro na sua Presença...

Ela se lembrava ainda de outras palavras:

> "Eu Sou" é o pão da vida. Aquele que me come jamais terá fome.

Essas palavras tinham feito muitos discípulos fugirem. "Como Ele vai nos dar de comer o seu corpo?"

Agora ela compreendia. "Eu Sou" é o pão da vida, se ela se mantivesse na sua Presença, como Ele se mantinha na Presença da Consciência infinita que Ele chamava de seu Pai, ela estaria alimentada de "corpo, alma e espírito".

Foi desta maneira que ela começou a invocar seu Nome, "Yeshua", no mesmo ritmo do seu sopro... Os efeitos não demoraram a se fazer evidentes: Yeshua, "Eu Sou", realmente a habitava, acalmando todas suas fomes, todas suas inquietações.

Cada prova, ela a enfrentava na sua Presença, uma prova de cada vez, um sofrimento de cada vez, um prazer de cada vez... Sem se preocupar com aquilo que estava por vir –

aquilo que estava por vir ainda era o presente, uma ocasião para Estar, para Ser com "Eu Sou", na sua Presença...

O amanhã não existe, jamais existiu, assim como o ontem não existe, jamais existiu. Só existe o hoje; o ontem, a partir do momento em que eu o conheço, é como "hoje"; amanhã, eu só poderei conhecê-lo como "hoje".

Só podemos amar no momento presente. Dizer: eu amei, é não mais amar; dizer: eu amarei, é ainda não amar.

Só podemos viver no momento presente. Dizer: eu vivi, é não mais viver; eu viverei, é ainda não viver.

Ao refletir sobre isso, ela sentiu a sua vida se simplificar consideravelmente. O único necessário era considerar o presente como o único necessário. Não era um "luxo" ou aquilo que chamaremos de espiritualidade, também não era uma questão de sobrevivência. Se quisermos viver sozinhos em uma floresta, devemos entrar para a escola dessa floresta e dos seus habitantes. Não eram essas as palavras do Mestre e Senhor?

"Olhai para as aves do céu, que nem semeiam, nem segam, nem ajuntam em celeiros; e vosso Pai celestial as alimenta"[67].

Ela se lembrou de uma mulher que, ao ouvir essas palavras, lhe disse: "Dá para perceber que Yeshua jamais teve filhos. Ele saberia que uma mãe é feita de inquietudes, seja pelos seus pintinhos, seus gatinhos ou seus ursinhos... Que egoísmo, que falta de amor!"

Yeshua pediu que ela observasse melhor as galinhas, as gatas e os grandes ursos; ela veria que eles, de fato, não se in-

---

67 Mateus 6,26.

quietam, eles não se preocupam com sua prole. Isso não quer dizer que eles não se interessam; pelo contrário, eles fazem tudo que é necessário e está a seu alcance para o seu bem-estar, mas eles não se preocupam, eles "não acrescentam" nada àquilo que é "necessário"...

"Mas nós", retorquiu a mulher, "nós não somos animais, nós somos inteligentes e temos um coração".

"Preocupar-se é uma maneira de utilizar sua inteligência e seu coração", respondeu Yeshua. "Mas será esta a melhor maneira? Responder da melhor maneira possível à situação presente, sem se preocupar com o amanhã, sem se preocupar com aquilo que ainda não é o hoje, não é uma maneira melhor de utilizar seu coração e sua inteligência?"

Yeshua não diz que não devemos fazer nada, Ele diz para fazermos aquilo que devemos fazer sem preocupação e sem inquietação; é a preocupação e a inquietação que nos corroem o coração, o espírito e o ventre e nos impedem de agir bem e de viver bem...

A preocupação e a inquietação encontram suas raízes na nossa cabeça, na nossa mente, e não na realidade. Se a paz reinasse em nosso coração e em nosso espírito "nós faríamos melhor a cada dia o único necessário, e 'isso seria o suficiente'"...

> Quem dentre vós, à força de preocupações, pode acrescentar um côvado à duração de sua vida? E quanto à roupa, por que vos preocupais? Olhai os lírios do campo, como crescem: não se afadigam, nem fiam. E eu vos digo que nem Salomão, em toda a sua glória, vestiu-se jamais como um deles. Se, pois, Deus reveste assim a erva do campo, que hoje existe e amanhã é lançada ao forno, quanto mais a vós, gente de escassa fé! Não vos inquieteis,

pois, dizendo: "Que havemos de comer? Que havemos de beber? Com o que nos vestiremos?" Os pagãos é que se preocupam com todas estas coisas. Ora, vosso Pai celeste sabe que precisais de tudo isto. Portanto, procurai primeiro o Reino de Deus e a sua justiça e todas estas coisas vos serão dadas por acréscimo. Não vos preocupeis, pois, com o dia de amanhã, porque o dia de amanhã terá que se preocupar consigo mesmo. Basta a cada dia a sua pena[68].

Basta a cada dia a sua fome...

Viver a sua fome, não acrescentar fome à fome através de falsos apetites, não se inquietar – essa era a lei da floresta, dos animais e das plantas que a cercavam. Ela sorria ao pensar no Rei Salomão; com certeza, havia ali um erro, se os lírios do campo são, de fato, muito bem-vestidos, com que Deus poderia bem-vestir uma mulher como ela? Ela tinha frio e não suportaria vestir a pele de animais como João Batista o fizera ou penas, como os anjos nos seus sonhos.

Foi então que ela percebeu que sua cabeleira tinha crescido e engrossado desde a sua chegada à Montanha de Sainte-Baume e que o seu corpo, assim revestido deste velo, não tinha nada a invejar ao pelo das lobas.

Ela também aprendera a lutar contra o frio com a sua respiração. A invocação do Nome de Yeshua era, por vezes, como um fogo dentro dela; vários melros poderiam testemunhar a respeito: durante o inverno, a neve derretia ao contato com o seu corpo e os seus cabelos. Mas essa não é a questão, os mágicos de todos os países conhecem bem esses fenômenos que nascem da nossa intimidade com a natureza. Para ela,

....
68 Mateus 6,27-34.

o importante era "procurar primeiro o Reino de Deus e sua Justiça sabendo que todo o resto lhe será dado por acréscimo".

A maioria dos homens procura primeiro o acréscimo: "a riqueza, a saúde, a beleza, o êxito, a paz, o conhecimento etc. tudo que pode existir de desejável..."

Eles procuram o desejável antes de conhecer qual é o seu profundo desejo e sua energia se dispersa nessa busca sem fim de uma infinidade de desejáveis...

O que reina sobre mim?, pensava ela. Qual é realmente o Mestre do meu desejo? E logo ela se unia à oração de "Yeshua – Eu Sou" presente nela: "Venha a nós o Vosso Reino", ou seja, que o seu Espírito, o seu Sopro de liberdade me anime, que eu não seja escrava, nem de mim mesma (dos meus pensamentos, do meu passado) nem de ninguém. Que eu obedeça apenas ao Amor, que a vontade da Vida se faça, que ela se realize em mim...

E, novamente, ela invocava o Nome, ela "ajustava-se" à Presença de "Eu Sou" nela, para que Ele estabelecesse seu reino em todas as dimensões do seu ser: carnais, afetivas, mentais e espirituais. Isso era a primeira coisa que ela procurava, isso que está em todo lugar e sempre presente; na sua Presença, na sua luz e seu Amor, tudo lhe era dado por acréscimo.

Nessa solidão que outros teriam achado atroz e insuportável, ela compreendia, enfim, uma das palavras do Mestre e Senhor que lhe tinham parecido muito injustas:

> "Àquele que possui, será dado; àquele que não tem, será tirado mesmo aquilo que ele possui."

Àquele que tem amor em si, tudo lhe aparecerá como dom, tudo lhe será dado por acréscimo, gratuitamente, graciosamente, "graça sobre graça"...

Àquele que não tem amor em si, até mesmo aquilo que ele possui lhe aparecerá como sem sabor, como absurdo, o mundo será "demais" e ele se sentirá demais no mundo.

Procurar, antes de tudo, "como amar" – talvez seja essa a questão? E talvez amar não seja, primeiro, vivenciar grandes emoções ou grandes sentimentos, mas ver, observar, o que está diante dos seus olhos, agradável ou desagradável, não procurar nada além daquilo que está aqui, presente, já que é a partir disso que está aqui, presente, que lhe será dada a oportunidade de "aprender" a amar.

Aprender sempre... jamais ter a pretensão de "saber", pois aquilo que sabemos data de ontem, é apenas no frescor do instante ou no frio do inaceitável que "a ocasião" (*kairos*) nos é dada...

Não podemos mudar os acontecimentos, nós podemos mudar nossa maneira de suportá-los; nós não podemos mudar o mundo, nós podemos mudar nosso olhar sobre o mundo... É o coração que faz a diferença... e o que mais poderia ser?

Assim pensava Míriam e isso não era "espiritualidade de luxo", especulações elevadas, mas sabedoria dos pobres, sabedoria da terra que não lamenta a tempestade... Sabedoria dos animais e das plantas, feridos pela Vida que os conduz e os alimenta...

9
Eva Angélica

As tradições de Sainte-Baume não nos descrevem Maria Madalena apenas como uma "mulher selvagem", ou seja, em harmonia com seus instintos que lhe permitiram sobreviver da melhor maneira possível no meio da floresta, das plantas e dos animais, elas a descrevem também como uma mulher em comunhão e em harmonia com os anjos: "Sete vezes por dia esses a conduziam ao cume da montanha, ao lugar chamado "Saint Pilon". Sete vezes por dia ela vivia esta ascensão interior, esta travessia pelos níveis de realidade ou níveis de consciência que os antigos e os textos sagrados chamam de "anjos".

Em *O romance de Maria Madalena: uma mulher incomparável*[69], eu falei desses anjos de luz e paz que investiram Míriam após esta ter sido libertada dos seus demônios. Cada demônio era uma espécie de sombra do anjo, uma luz retrátil, um dom refreado.

> Se os demônios do espírito são mais do que dores de cabeça, os anjos são mais do que clarões de compreensão e discernimento.
> Se os demônios do coração não são apenas causas de enfartos e de ciumentas paixões, os anjos do coração são mais do que esta ternura que se acres-

....
69 LELOUP, J.-Y. *O romance de Maria Madalena*: uma mulher incomparável. Op. cit.

centa à primavera ou este louco riso que por vezes toma conta dos amantes.

Se os demônios do ventre não são apenas nossas fomes ordinárias, nossas úlceras ou nossas dores de estômago, os anjos de nossas entranhas são mais do que nossas boas digestões e a tola beatitude daqueles que foram saciados.

Se os demônios do sexo não são apenas nossas mais violentas obsessões ou nossas lancinantes preguiças insatisfeitas, o Eros angélico é bem mais do que a tolice jovial e feliz, sublime tensão ou prazer inesperado.

Se o diabo na pele não é apenas uma coceira das garras ou uma cola pegajosa, o anjo na pele é bem mais do que uma coceira das asas ou uma avalanche de frissons.

O demônio nos torna inumanos, e é desta maneira que ele nos bestializa; o anjo nos torna mais humanos, e é desta maneira que ele nos diviniza.

Mas na Sainte-Baume não são esses anjos que se manifestam, eles não são os "contrários" dos demônios ou sua compensação/oposição luminosa; eles são, sobretudo, o complemento dos elementos que constituem a natureza. O que se revela a Míriam nesta floresta-templo é o elo sutil entre o mundo animal do anjo, o mundo vegetal do arcanjo, o mundo mineral e os querubins, o fogo e os serafins etc.

A função do ser humano é a de fazer a ponte entre o visível e o invisível do *"unus mundus"*.

Míriam está na Sainte-Baume para dar testemunho deste estado de realização "teantrópica", consciência onde se harmonizam os diferentes planos do Real, "sem confusão, sem separação".

As tradições orais colocam em evidência principalmente o número sete. Sete vezes por dia renova-se a Ascensão angélica ou o despertar a esta realização teantrópica.

Alguns verão nela a origem das sete horas canônicas do ofício monástico e do breviário (laudas, nona, prima, sexta, terça, vespertina, matinas). Elas próprias estarão na origem dos diferentes chamados à oração dentro do Islã e a harmonização do tempo humano ao ritmo cósmico, mas também angélico.

Seria igualmente interessante observarmos que a primeira comunidade ou "igreja" cristã, a de Jerusalém, reunida em torno de Tiago, "o irmão do Mestre e Senhor", considerava Yeshua como o Anjo, o Enviado de Deus, "o Anjo do seu semblante", ou seja, a manifestação visível do seu Ser invisível. Esta cristologia do *Christos angelos* será a cristologia dos judeo-cristãos até o século III onde a Igreja imperial (Constantino) imporá os dogmas do heleno-cristianismo[70].

Será que Míriam de Magdala considerava Yeshua, assim como esses primeiros cristãos de Jerusalém, o anjo de YHWH, a Presença de Deus entre nós, a Shekinah a qual conduzem todos os níveis de consciência angélica?

Poderíamos então imaginar que essas sete horas do dia e da noite eram para ela momentos privilegiados da sua ascensão rumo a Ele; Ele que seria então o "oitavo clima", "o Anjo do grande conselho".

Poderíamos segui-la nesta ascensão interior, da qual dão testemunho todos os místicos quando eles se aventuram

....

70 Cf. a este respeito as observações de Henri Corbin em *Le paradoxe du monothéisme* [O paradoxo do monoteísmo]. [s.l.]: De l'Herne 1981, p. 150ss. Cf. tb. as pesquisas eruditas de Martin Werner: *Die Entstehung des christlichen dogmas problemgeschichtlich dargestellt.* Tübingen, 1953. • BARBEL, J. Christos Angelos. Bonn, 1941.

sobre esta escada que liga o céu à terra[71], uma outra imagem da ponte que somos entre as duas margens do criado e do incriado:

8ª hora	Yeshua ressuscitado / o Anjo de YHWH
7ª hora	Serafim
6ª hora	Querubim
5ª hora	Trono
4ª hora	Miguel
3ª hora	Gabriel
2ª hora	Rafael
1ª hora	Anjo pessoal

1) Para Míriam, primeiro trata-se de entrar em contato com seu anjo que corresponde ao *nous* sobre o qual nos fala o Evangelho de Maria, esta abertura da consciência humana que lhe permite entrar em ressonância com níveis de realidade diferentes e mais sutis do que aqueles conhecidos pela consciência ordinária, ou seja, o espaço-tempo. O anjo é o coração profundo aberto à transcendência, aberto às luzes que o conduzirão à luz do Único. "Em tua luz veremos a Luz", cantam os salmistas desta primeira hora.

2) Uma nova luz se manifestará então, uma intensidade de ser que a transforma e cura. É Rafael (literalmente "Deus – El – cura"), pois não ver o dia, não ver o espaço no qual nos aparecem as mil e uma coisas, é estar doente. Ra-

---

71 Podemos pensar no famoso *mirai* do Profeta Maomé, que de Jerusalém eleva-se às regiões celestes onde ele deve encontrar Deus após ter reconhecido os diferentes profetas e "enviados" (*Angelos*) que o precederam, particularmente o Anjo Gabriel.

fael, assim como o velho Tobias do livro bíblico, lhe dá "olhos para ver", para contemplar "face a face" a invisível Presença.

3) Após esta abertura dos olhos espirituais feita por Rafael, Gabriel, o mensageiro por excelência, abre-lhe os ouvidos e lhe permite escutar o Logos, a informação criadora, cujo eco pode ser encontrado nas palavras humanas de seu "Rabuni" quando Ele estava com ela no mundo espaçotemporal.

4) Miguel, "que é como Deus", a conduz, então, além daquilo que pode ser visto e ouvido, ela transpôs o primeiro portal da Inefável e Irrepresentável Presença.

5) É desta maneira que ela pode se sentar sobre "o trono" que simboliza um estado de centramento e de silêncio que, por vezes, é alcançado por aqueles que praticam a meditação, mas trata-se de um "sentar-se no céu", de um repouso que não pertence aos relaxamentos conhecidos, uma quietude infinita.

6) Esta quietude é viva, é um estado de visão e de inocência, simbolizado pelos querubins. O espírito está totalmente vazio de todas as representações, a consciência não é mais consciência de alguma coisa, ela é pura consciência ou consciência de ser Consciência, luz na Luz.

7) Esta luz é também a luz do fogo (Serafim quer dizer "aquele que queima), é a luz do Amor incondicional, infinito. Como um corpo humano pode conter tal claridade e tal amor sem se quebrar, sem que seus limites arrebentem?[72]

8) Sem dúvida que, chegada esta "hora", não é mais ela quem vive, é o Cristo quem vive nela. Ela entrou no oitavo clima, ela tornou-se semelhante ao seu Mestre e Senhor res-

....

72 Cf. São Francisco de Assis quando recebe a visita do "Cristo Serafim" e os estigmas que ferem seu corpo de carne.

suscitado, *capax Dei*, "capaz de Tudo" (*Pantocrator*), capaz de intercessão pela salvação de toda humanidade. Ela tornou-se o Amor, a Verdade, a Vida que Ele encarnou sobre a terra. De uma certa maneira, ela já ressuscitou com Ele, por Ele, nele.

Seria necessário repetir sete vezes por dia, junto com os anjos, essas diferentes etapas da sua *théosis* (divinização)? Sem dúvida, "nada é adquirido" e, enquanto estivermos no tempo, devemos permanecer fiéis a nossas inspirações, nos reerguermos e nos elevarmos, cada dia como se fosse a primeira vez, pois o Instante é sempre novo, nossa ascensão ou elevação perpétua em sua direção nos mantém em boa saúde física, psíquica e espiritual.

Para Míriam, respirar o "ar pleno" de Sainte-Baume não é apenas respirar o bom ar da natureza, mas o espaço saturado de Consciência que canta dia e noite em uma alegria inconcebível o hino ao Três Vezes Santo:

Kadosh – Kadosh – Kadosh
Aghios – Aghios – Aghios
Santo – Santo – Santo
O *on – o èn – erkomenos*
Aquele que é – que era – que vem

A mulher selvagem realizou na floresta sua missão e seu ofício angélico, intercessão e louvor, despertar e compaixão, ela merece o nome de Eva – angélica, a nova Eva, a mulher Anthropos.

10
Os animais

Viver solitária na floresta de Sainte-Baume é viver em contato íntimo com o mundo mineral e vegetal, é também viver em contato íntimo com o mundo animal.

Algumas pedras tinham se tornado muito familiares, ela as interrogava por vezes e surpreendia-se com a resposta dada, forte e silenciosa – "Eu Sou" é o Rochedo. "O Senhor é meu rochedo, minha cidade e meu Libertador."

As plantas também, particularmente os morangos e as framboesas selvagens, cujas virtudes ela estava descobrindo. Contudo, ela viveu estranhas experiências com certas plantas cujo suco das raízes ela bebeu; curiosamente foram essas plantas que lhe revelaram a presença do mundo animal que vivia dentro dela.

Esses animais lhe queriam bem. De uma certa maneira, eles eram seus protetores ou guardiões terrestres, enquanto os anjos eram seus protetores ou guardiões celestes; o poder deles no seu corpo era necessário para que este mantivesse o vigor e a força para enfrentar as intempéries e também as doenças...

Quando ela sentia essa energia animal deixando-a, ela tornava-se mais vulnerável, seu passo tornava-se mais pesado, suas reações mais lentas, seu olhar menos penetrante...

Quando a energia animal a habitava, ela era realmente uma "mulher selvagem", capaz de correr durante horas à procura de um perfume raro que a chamava de um dos cumes da montanha, seu olhar via ao longe, sua audição a informava sobre o que acontecia nas longínquas vizinhanças; sobretudo, ela sabia reconhecer o som de cada um dos ventos que atravessavam a floresta.

Ela não dava nomes a essa energia animal que às vezes a habitava e a tornava capaz de se comunicar através de diversos cantos, gritos e rugidos com os outros animais.

A energia animal tomava diferentes formas – cada vez bem-adaptada à situação na qual ela se encontrava. Ela era loba, lontra ou lebre? Ela não se permitia possuir por nenhuma pelagem ou plumagem, todas essas forças a serviam e a amavam; ela se sentia como a servidora e a bem-amada de Yeshua, como Ele, o servidor e o bem-amado de Deus...

Ela tinha um reconhecimento especial pela águia que lhe ensinara a voar, a se elevar sete vezes por dia para beijar o céu. Depois a águia se apagara para deixar o lugar à pomba... o voo tornou-se mais leve, ela descobriu que o céu estava em todo lugar, que a terra estava no céu; podíamos nos elevar no mais obscuro dos vales, mantermo-nos de pé, fazer apenas um com o espaço e a claridade... A pomba, por sua vez, apagou-se diante de uma multidão de anjos que tinham como missão conservá-la "desperta", manter as asas do coração e da inteligência sempre distendidas... Foi nesse momento que até mesmo dormir tornou-se um louvor para Míriam.

Sua história com os animais não para aí: Uma noite – teria sido após ter bebido um caldo dessas famosas raízes, um suco espesso feito dessas plantas que nos fazem ter visões? – ela sentiu-se visitada por uma "antiga serpente", um dragão muito antigo, de uma brutalidade e uma violência que ela jamais conhecera na sua existência. Essa besta de múltiplas cabeças ameaçava devorá-la, quando um Cordeiro apresentou-se diante da besta...

Como era possível – o dragão recuou diante do Cordeiro? A força recuou diante da inocência... Essa não era para ela uma visão a mais, Míriam vivia isso no seu corpo, ela era o Cordeiro e o dragão...

É claro que ela não sabia, mas, na mesma época, o Apóstolo João tinha as mesmas visões, os mesmos terrores, o mesmo deslumbramento e o mesmo assombro diante da vitória do Cordeiro. O livro dos desvelamentos ou Apocalipse ainda não fora escrito, mas ele era vivido por esses dois seres tão próximos, em sua proximidade do mesmo Mestre e Senhor.

João também vivia em uma gruta em Patmos; terá sido através dessa gruta que ele entrara, assim como Míriam, nas profundezas da terra? E, ainda mais profundo, nos "submundos"? Terá sido ali que ele encontrara o dragão? Terá sido nas próprias profundezas do corpo e das suas misteriosas cavernas que ele descobrira a "antiga serpente", na qual alguns cientistas contemporâneos reconhecem hoje uma "figura" do DNA?[73]

Tanto em um caso como no outro, trata-se de uma exploração a partir do interior e não do exterior, como nas ciências "objetivantes", das profundezas do Real e dos seus diferentes níveis de realidade, cuja linguagem conceitual nem sempre consegue dar conta; a linguagem dos mitos e do

73 Cf. NARBY, J. *Le Serpent Cosmique*. [s.l.]: Berg International.

Imaginal é, então, necessária para descrever a realidade não apenas conhecida, mas vivida nas suas dimensões por vezes terríveis ou "infernais".

O inferno faz parte da topografia de Sainte-Baume, o mundo subterrâneo é tão real quanto as planícies, as montanhas que a cercam e o céu que a envolve. O inferno também faz parte da topografia humana, dos lugares de consciência que a constituem.

Em nós não existe apenas a terra firme, nossas lógicas e convicções, ou o céu puro dos nossos êxtases e das nossas contemplações; há também o caos; abismos onde por vezes somos conduzidos através das nossas vertigens ou depressões.

Os "apocalipses" são livros nascidos desse "conhecimento transmitido pelos abismos". João na gruta de Patmos e Míriam na gruta de Sainte-Baume viram aquilo que todo homem e toda mulher podem explorar através de uma "descida" voluntária ou através de uma "queda" nas profundezas caóticas do corpo, da natureza e do mundo.

Eles certamente encontraram ali a besta multiforme, o dragão ou a antiga serpente – não importa qual seja a imagem que eles utilizarão para tentar traduzir sua experiência. Aquilo que o vidente de Patmos e a visionária de Sainte-Baume informaram é que diante dessa força destrutiva, diante dessa vontade de poder invencível, eles obterão a vitória através da paciência do Cordeiro – aquilo que há de mais frágil neles os fará sair do "buraco".

Talvez seja um outro "animal" que lhes aparecerá (cada um possui seu bestiário sagrado), mas esse jamais será um animal "forte"; não existe força que se oponha à força do dragão, ou então surgirá um outro dragão e o combate continuará sem fim...

Não é com as trevas que nos opomos às trevas; uma simples centelha basta para dissipar as trevas mais espessas, uma simples centelha basta para descobrir que as trevas não existem, elas são apenas a ausência ou a espera da luz.

João de Patmos fala da "luz do Cordeiro" que iluminará a Nova Jerusalém e "essa luz será o seu templo"... O que querem dizer essas imagens, esses símbolos que se unem àqueles que caíram no abismo das complicações do seu nada, nas profundezas da sua matéria?

Pois hoje sabemos melhor que não é "Deus quem está morto", é a matéria que está "morta": quanto mais e melhor observamos, tanto mais e melhor ela nos escapa, tanto mais observamos que ela tem "tendência a existir". Os cientistas mais rigorosos e mais precisos ousarão dizer "que ela não existe"; apenas a "Consciência" toma corpo. João diria: "É o Logos que tomou corpo", "o Logos se fez carne"...

Os teólogos e místicos mais rigorosos não hesitarão em dizer, juntamente com toda a tradição apofática, que o próprio Deus, se fizermos dele uma "matéria", mesmo a mais sutil, ou uma "causa" da matéria, Ele também não existe.

Deus não existe: Ele É. Quando fazemos com que Ele diga: "Eu Sou" não estamos fazendo com que Ele diga: "Eu existo", senão, como tudo aquilo que existe, um dia Ele não existiu e um dia Ele deixará de existir, Ele não existirá mais.

"Eu Sou" quando "Eu não existo mais" – eis o meu Ser verdadeiro, a Vida que "Eu Sou" e não a vida que eu tenho; meu Ser para a eternidade e não minha existência para a morte...

Non sum ergo sum... Algo nesse paradoxo tenta traduzir a linguagem imagética dos apocalipses ou os textos que tentam traduzir a experiência interior. Diante do dragão que existe "enormemente", o Cordeiro não existe, por assim dizer, e, no entanto, ele é o vencedor.

O espaço não é maculado ou atingido pela ferocidade e a espessura daquilo que o abarrota. Será esse o símbolo do Cordeiro: a inocência, a força vulnerável e invencível do humilde Amor?

Opor à vontade poderosa daquilo que existe a presença insubstancial daquilo que é?

Para alguns, essa é uma linguagem imaginal e filosófica demais. Sem dúvida, essa não é a linguagem de Míriam no momento da Provação, onde ela enfrentará o monstro lancinante e desesperador...

Ela opunha ao "monstro tenebroso" a centelha do seu coração? Sua confiança, seu amor, essa luzinha que se liga a uma estrela maior?

Seu ombro contra o seu Ombro, seu sopro no seu Sopro... aqueles que viveram na Sainte-Baume o sabem: quando o vento Mistral sopra, ele expulsa as nuvens mais pesadas e as piores tempestades...

O azul, o frágil azul, resplandece então...

11
Os pensamentos

O que acontece quando estamos sozinhos e as necessidades vitais, as fomes animais, foram apaziguadas? Tornamo-nos, então, presa dos pensamentos, das imagens...

Míriam conhecia bem essas imagens, esses pensamentos, esses *logismoi* ou esses demônios, como eles serão chamados mais tarde. Não eram mais esses pensamentos obsessivos que a "possuíam" como antes do seu encontro com Yeshua, mas outros pensamentos, outras sensações, outras imagens, muito mais nobres, por vezes maravilhosas...

De que são feitos os pensamentos? Do nosso passado, dos nossos atos inacabados, mas não se tratava mais disso...

As belas lembranças, elas também podem ser demônios? Ela traía Yeshua presente, ressuscitado, com o "Yeshua passado", do tempo onde ela vivia com Ele na Galileia.

Ela traía o presente com as imagens e a memória do passado. Yeshua poderia tornar-se um pensamento ao invés de ser uma Presença, um pensamento muito elevado, muito sutil, sublime...

> Eu não quero um "Deus pensado".
> Um Deus que deixa de ser a partir do momento em que paro de pensar nele, não é um Deus.
> Yeshua poderia tornar-se uma emoção, um sentimento, uma experiência à qual eu me apego.
> Não quero um Deus "experimentado", dizia ela, que se reduziria àquilo que eu provo dele...

> Um deus que deixa de ser quando deixo de experienciá-lo não é um Deus.
> Yeshua poderia tornar-se uma imagem, um sonho, uma visão. Não quero um Deus imaginado ou sonhado, dizia ela.
> Um Deus que deixaria de ser quando eu parasse de imaginá-lo ou sonhá-lo, não é um Deus.

Qual Deus, então?

Um Deus incessante, sempre presente em todos os lugares, uma Presença, a Luz, a Vida, a Alegria que iluminam todo ser que vem a este mundo.

Mas como esta Presença poderia não ser um pensamento, uma imagem, uma experiência? Ela permaneceria, então, desconhecida, incognoscível?

> Sim, dizia Míriam, esta Presença permanece Desconhecida e incognoscível e, no entanto, conhecida, um conhecimento paradoxal. Este conhecimento não é um pensamento, pois aquilo que pensamos de Deus não é Ele, mas um ídolo, uma ideia...
> Este conhecimento não é uma emoção, um sentimento, uma experiência, a experiência que podemos ter de Deus não é Ele, mas um ídolo, um sentir.
> Este conhecimento não é uma imaginação, um sonho, uma visão. A imagem que podemos ter de Deus não é Ele, mas um ídolo, uma imagem, justamente...

Como transformar todos estes ídolos sensíveis, intelectuais e imaginais em ícones?, perguntava-se Míriam.

Ideias que não nos preenchem o espírito, mas que nos abrem o espírito?

Sentimentos que não satisfazem nosso coração, mas que o abrem?

Imagens que não detêm o olhar, mas que nos abrem à invisível luz?

Jamais parar e, no entanto, estar em repouso: permanecer no movimento da Vida que se dá, permanecer no brilho da luz que se dá, permanecer no ofertório da alegria que se dá..." parecia sussurrar-lhe Yeshua. Permanecer no Aberto, permanecer na Escuta; é uma Palavra e é um Silêncio...

Míriam descobria a verdadeira liberdade que é a liberdade para com seus pensamentos, seu sentir e suas representações. Não se identificar, não se deter em nenhum pensamento, em nenhum sentir ou em nenhuma representação... Ela aprendia a amar sem idolatrar aquilo que ela amava; sem fazer de Yeshua seu ídolo. Ele era sempre mais do que aquilo que ela podia dele conter, compreender, sentir; infinitamente próximo e sempre inacessível... seu bem-amado e seu Deus...

"A vigilância nos tornará livres", Ele dissera. Sim, é exatamente isto, estar incessantemente vigilante. Essa vigilância, esta Consciência não identificada aos objetos de consciência, esta Liberdade para com tudo aquilo que aparece e desaparece, tanto no interior, como no exterior. Esta vigilância, esta consciência, esta liberdade... é Ele.

12
A lâmpada

Toda manhã, a primeira tarefa de Míriam era a de iluminar sua lâmpada. A lâmpada do seu corpo; ela se lembrava das palavras do Mestre e Senhor:

> A candeia do corpo são os olhos; de sorte que, se os teus olhos forem bons (*aplous*), todo o teu corpo terá luz; se, porém, os teus olhos forem perversos (*ponérou*), o teu corpo será tenebroso. Se, portanto, a luz que em ti há são trevas, quão grandes serão tais trevas![74]

Ela se mantinha ereta na sua Presença, até que uma coluna de luz a preenchesse inteiramente. Ela via então com os "seus" olhos; seu olhar tornava-se "simples", sem dobras, sem voltar para si – ela via todas as coisas com precisão e, no entanto, sem jamais se deter; ela via de longe e ao longe, como se o seu olhar achasse sua raiz longe, "atrás" dela e olhasse longe, "diante" dela...

Ela entrava em um olhar infinito no qual as mil e uma coisas não estavam mais separadas e não estavam mais misturadas. Esse olhar simples respeitava a unidade e a diferença de tudo aquilo que existe recolocando-o em um Todo ainda maior, essa vastidão clara e luminosa que chamaremos o "Dia" (*dies* – deus).

---

74 Mateus 6,22.

A iluminação não é essa capacidade de iluminar o escuro, de "fazer raiar o dia" em si e em todas as coisas? Mesmo tendo os olhos fechados, Míriam via claro, e essa luz que existia nela, mesmo imperceptível aos seres humanos, os iluminava e iluminava os rochedos, as plantas e os animais de Sainte-Baume.

Uma manhã, acossada pela fome, ela esquecera-se de manter-se ereta em sua Presença e de acolher sua luz, seu olhar... para se precipitar em direção aos alimentos possíveis; mas seu "olhar escurecido" nada via, seu olhar curto se dispersava na multidão de objetos que se apresentavam a ela; nada mais era simples, nada mais era claro, ela sentia-se despedaçada, dividida em si mesma sem saber mais para onde ir, onde procurar, o que desejar.

Naquele dia ela compreendeu o que era o "perverso" (*ponérou*); não era à toa que Yeshua pedia ao pai que "nós sejamos libertados do perverso[75]. A inteligência tortuosa e sinuosa nos afasta da espontaneidade e da simplicidade da Fonte. Nada mais "corre da Fonte", tudo se complica, rebenta e se dispersa.

A "perversão" também é essa estranha autossatisfação que nós temos quando tudo está complicado; não ver simplesmente aquilo que está diante dos nossos olhos: ver que a realidade é sem dúvida "complexa", mas isso não quer dizer "complicada"... Novamente, não devemos "acrescentar"... e impedir os outros de ver, pensar, ser, amar na simplicidade e na inocência do coração...

---

75 Cf. LELOUP, J.-Y. *O Pai-nosso*. Petrópolis: Vozes, 2008.

Não é isto a perversão: perverter "a criança divina" em nós (o Cordeiro) e sua capacidade de se maravilhar, surpreender e deslumbrar, sendo que o deslumbramento é conhecimento elevado...?

O perverso pode ser brilhante, sua inteligência pode cintilar, mas ele não ilumina. Seu saber se une aos nossos saberes para desfazê-los ou destruí-los, sem conduzi-los a seu termo que é o apagar das questões na luz. É acrescentar trevas às trevas, razões de desespero às nossas razões de desespero.

Míriam orava para que o seu espírito, seu coração, seu corpo, permanecessem sãos e simples, habitados pelo Dia... Que cada manhã seja para ela a manhã de Páscoa onde ela o viu, Aquele que a morte não pôde conter.

Ela compreendera, desde esse Dia, que o importante é não se preocupar, não ter medo das trevas e manter iluminada sua luz... Não se preocupar com o "mal", mas, em tudo, fazer aquilo que ela considerava como sendo "bem"... não se deixar tragar pela tristeza, tanto a sua quanto a dos mundos, mas alimentar em si as brasas da alegria. Cada manhã "iluminar o fogo" na consciência do Sopro e na Presença do Nome...

13
Desejo e gratidão

Em nossas vidas, pensava Míriam, temos a escolha entre o desejo e a gratidão. Desejar aquilo que não está aqui, aquilo que nos falta, aquilo que não temos... ou desejar aquilo que temos, aquilo que nos é dado no Instante: "Deseje tudo aquilo que tens e terás tudo aquilo que desejas". Míriam chamava este desejo de graça ou, ainda, de gratidão.

Ela, a mulher do desejo, sempre em busca de um Amor Absoluto, tornara-se a mulher da gratidão. Ela nada mais tinha a desejar, Aquele que ela desejara estava ali – nela, com ela. Ela não tinha mais nada a fazer a não ser amá-lo, dar-lhe graças.

Apenas Deus é o suficiente.

Apenas Yeshua é o suficiente.

A consciência de estar com Ele, a consciência de estar nele – isso basta.

A consciência de ser "Eu Sou"...

Por vezes, Míriam é representada "voltada para um além"... voltada para não sei qual lugar ou qual Deus inacessível. Na Sainte-Baume só podemos representá-la na gratidão. Aquele que ela buscava fora dela, está nela para sempre – Ele ressuscitou.

O tempo do desejo é o tempo da ausência, da busca e das questões; o tempo da gratidão é o tempo da Presença, a graça de estar com o Ser que está sempre aqui, que está presente em todo lugar.

À condição de não "preferi-lo" sob tal forma ao invés de outra... Não era este o sentido das últimas palavras que ela ouvira do Mestre e Senhor: "Não me retenhas", não te apegues à forma na qual tu me conhecestes...? Vá até meus irmãos... tudo aquilo que fizeres ao menor dentre os meus, é a "Eu Sou" que o fazes".

"Eu Sou" não está "mais" na forma que tu amastes, ternamente amastes, do que em uma outra forma pela qual não sentes nem gosto nem atração...

Ela levara um longo tempo antes de acolher Deus em cada uma de suas manifestações, agradáveis ou desagradáveis. Mais de vinte anos de solidão nesta gruta e nesta floresta tinham sido realmente necessário.

O Real, "o Ser que é aquilo que Ele É", YHWH... está inteiramente presente em tudo aquilo que se apresenta, nem mais, nem menos... Por que preferimos uma realidade ao invés de uma outra, uma manifestação do Real ao invés de uma outra?

Porque não é o Real que nós buscamos, estamos perseguindo nossos sonhos ou nossos pensamentos.

Como não ver o Real em todas as realidades?

O Ser em tudo aquilo que é?

A Vida em tudo aquilo que vive?

O Sopro em tudo aquilo que respira?

Nossa "atração" ou nossa "repulsão", mas também a nossa indiferença para com esta ou aquela realidade é o que nos impede de ver o Real...

Se nós desembaraçarmos ou libertarmos nosso espírito de toda atração, de toda repulsão, de toda indiferença, estaremos no Real, estaremos no "céu", no próprio "Dia", estaremos em Deus...

Míriam fazia frequentemente esta experiência: ela observava uma planta, uma árvore, uma formiga, um porco-espinho, uma serpente...

Sem atração, sem repulsão, sem indiferença.

E então, o que acontecia?

Ela não via mais nada de particular, apenas o Real, apenas Deus. O exercício tinha sido particularmente difícil com a serpente, velhos medos lhe subiram ao ventre; não era com a razão que ela poderia acalmá-los, não adiantava grande coisa dizer "não tenha medo", a serpente também é uma criatura de Deus – ela não existiria se neste instante o Ser não a fizesse existir etc. Não, este tipo de argumento não é de grande valia diante do medo visceral...

"O oposto do medo é o amor", dissera-lhe seu amigo João. Sim, sem dúvida, mas... e quando estamos na presença de um ser repugnante e nossos cabelos ficam arrepiados de medo?

É verdade, Yeshua lhe pedira para "amar seus inimigos" e Ele mostrara a todos que um Ser humano é capaz de fazê-lo. Ela O vira diante dos seus carrascos: sem complacência, mas também sem medo, sem indiferença: "Pai, perdoai-os, pois eles não sabem o que fazem". O ódio, o medo não eram seus mestres – Ele era o mestre do medo... É possível chegar a este "domínio", a esta força do Cordeiro, do Inocente que não procura nem teme os golpes...?

Sim, tinham sido necessários mais de vinte anos de solidão para compreender, ou melhor, para "observar", pois a solidão não nos ensina grande coisa, ela nos ensina a observar, a sermos vigilantes... Tudo resta a ser aprendido. O Ensinamento não cessa: o Logos e a Sofia, a Inteligência e a Imaginação criadora que falavam pela boca de Yeshua nos falam também através de cada encontro, cada acontecimento, a coisa mais ínfima, a mais terrível...

"Amai vossos inimigos", tinha dito Yeshua. Sim, mas como? É o que a observação lhe ensinara: Ela percebera que cada medo despertava nela uma tensão; às vezes isso vinha do exterior, por vezes do interior – as serpentes exteriores nada são comparadas àquelas que se escondem no interior.

Yeshua não tivera medo de amá-la quando vira que seu coração era um verdadeiro "ninho de víboras". Ele não sentira nenhuma repulsa, nem nenhuma indiferença – apenas uma extrema "atenção" que é, sem dúvida, uma das formas mais elevadas de Amor e compaixão.

É esta qualidade de atenção que ela quisera reencontrar, uma atenção sem a menor tensão, e é sobre suas "tensões" que ela decidira trabalhar com a ajuda do Sopro transmitido por Yeshua. Ela percebera, de fato, que, quando ela sentia medo, seu sopro mudava, ele tornava-se curto, todo seu corpo ficava tenso, petrificado e pronto para fugir... Então, novamente, ela invocava o Nome, respirava profundamente e a tempestade se acalmava...

Ela lembrava-se desta famosa tempestade que se abatera sobre o Lago de Tiberíades; como os discípulos estavam apavorados e ela morta de medo enquanto Yeshua dormia no fundo do barco, cercado de cordas, como se estas fossem serpentes apaziguadas[76].

....

76 Cf. Mateus 8,24 *("E eis que no mar se levantou uma tempestade, tão grande que o barco era coberto pelas ondas; ele, porém, estava dormindo")* e Lucas 8,23

Foi Pedro quem o sacudira, despertando-o: "Rabi, você dorme enquanto perecemos..." "Do que tens medo, gente de pouca fé?", respondeu Ele, mas isso nada mudara, isso só acrescentou um pouco de culpa à tempestade. Como é possível reprovar alguém por sentir medo? O medo é mais forte do que nós...! Mas não mais forte do que Ele... Ele ergueu-se tranquilamente, Ele olhou para nós, Ele viu o barco que ameaçava virar de borco a qualquer momento, Ele respirou profundamente e foi como se, "ao inspirar, Ele tomasse para si o vento violento e, ao exalar, o transformasse em "leve brisa"...[77]

> Não tenho explicações, pensava Míriam, simplesmente uma observação: quando eu respiro como Ele, com Ele, tudo se acalma, tempestades externas e tempestades internas... "Quem é Ele, Aquele a quem até o vento e o mar obedecem? Qual é, portanto, este Sopro que o habita e que também nos habita?"

"Eu Sou" dorme no fundo da nossa barca, tanto hoje como ontem, trata-se de despertá-lo, de nos lembrarmos da sua Presença e de respirar com Ele e nele... Algo se passará então; é "Eu Sou" que "passa", e nele não há temor algum. Se "eu" estiver morto de medo, "Eu Sou" está vivo. Novamente, o segredo é "deixar ser" "Eu Sou".

("E, navegando eles, adormeceu; e sobreveio uma tempestade de vento no lago, e enchiam-se de água, estando em perigo") [N.T.].

77 Lucas 8,24-25: *"E, chegando-se a Ele, o despertaram, dizendo: Mestre, Mestre, perecemos. E Ele, levantando-se, repreendeu o vento e a fúria da água; e cessaram, e fez-se bonança. E disse-lhes: Onde está a vossa fé? E eles, temendo, maravilharam-se, dizendo uns aos outros: Quem é este, que até aos ventos e à água manda, e lhe obedecem?"* • Mateus 8,25-27: *"E os seus discípulos, aproximando-se, o despertaram, dizendo: Senhor, salva-nos! que perecemos. E Ele disse-lhes: Por que temeis, homens de pouca fé? Então, levantando-se, repreendeu os ventos e o mar, e seguiu-se uma grande bonança. E aqueles homens se maravilharam, dizendo: Que homem é este, que até os ventos e o mar lhe obedecem?"* [N.T.].

Mas Míriam ainda não estava pronta para "deixá-lo ser"; muito sutilmente ela buscava retê-lo, "pois" dizia ela a si mesma:

> se eu não o reter, não apenas eu perderei todos meus medos, todas minhas repulsas, mas perderei também todos meus desejos, todas minhas "atrações". Corro o risco de perder meu desejo por Ele, meu desejo de estar eternamente com Ele, corro o risco de perder o "meu amor".

14
Amar

A principal questão de Míriam sempre fora: "O que é o amor? O que é amar? Amar bem?"

Para ela, uma vida de sucesso não era apenas uma vida onde ela tivesse sucesso social, familiar ou intelectual, uma vida de sucesso era uma vida na qual tivemos êxito em amar, em tornar uma pessoa feliz ou um cachorro, um gato, talvez uma planta... isso bastaria.

Yeshua lhe mostrara que uma vida de sucesso é uma vida onde a Vida "tem sucesso e conhece o êxito" de viver totalmente em nós, onde a luz "tem sucesso" em brilhar não apenas através dos belos e puros silêncios, mas também através das palavras justas, que iluminam e esclarecem... Uma vida de êxito e uma vida onde o Amor "tem êxito" em se dar em nós...

Para ela, Yeshua era o homem que tinha "realmente tido êxito em sua vida", ou melhor, o homem em que a Vida, o Amor, a Luz tinham "tido êxito" em se dar completamente, até o final...

Pelo poder do Dom, Ele conseguira até mesmo vencer a morte; Ele mostrara que a morte não existe para aquele que faz apenas um com a Vida que se dá, brilha e perdoa...

A morte faz parte da Vida. A sua fazia parte do Amor que Ele escolhera encarnar. A cruz não fora um fracasso, mas a demonstração de um amor que não tem medo de ir até o fim de si mesmo, "até ao extremo" do Dom, ali onde a Vida doada se revela como Vida eterna. Morre apenas a vida "economizada", guardada.

Seria essa longa solidão passada na Montanha de Sainte-Baume o melhor lugar para amar? Por que esta gruta, esta floresta? Míriam não teria "amado mais" nas praças públicas de Marselha, Aix-en-Provence ou Arles...?

Não tinham as sementes do amor que Yeshua depositara nela propagado todas suas flores e todos seus frutos que eram, sem dúvida, necessários à Igreja que estava nascendo? Há tantas misérias no mundo, tantos doentes a serem cuidados, loucuras a socorrer, fomes a saciar... Por que o Espírito a havia conduzido ao deserto? Nesta floresta? Para amar os animais e as plantas ao invés de amar seus irmãos? Para ser iniciada a uma forma mais elevada de amor? Não era esta uma armadilha: permanecer sentada aos pés do Mestre e Senhor, enquanto seus irmãos e irmãs penavam e trabalhavam como Marta fizera em outra ocasião?[78]

Míriam observava em seu corpo as diferentes maneiras de amar que ela conhecera outrora: ela tinha começado a amar "como um animal", ou como uma criança pequena, ou seja, um amor de apetite; o outro é o seu alimento, necessário à sua sobrevivência, nós o comemos, nós o consumimos, pois temos realmente "necessidade"...

....

78 Referência ao Evangelho de Lucas 10,38-42: *"E aconteceu que, indo eles de caminho, entrou Jesus numa aldeia; e certa mulher, por nome Marta, o recebeu em sua casa. E tinha esta uma irmã chamada Maria, a qual, assentando-se também aos pés de Jesus, ouvia a sua palavra. Marta, porém, andava distraída em muitos serviços; e, aproximando-se, disse: Senhor, não se te dá de que minha irmã me deixe servir só? Dize-lhe que me ajude. E respondendo Jesus, disse-lhe: Marta, Marta, estás ansiosa e afadigada com muitas coisas, mas uma só é necessária. E Maria escolheu a boa parte, a qual não lhe será tirada"* [N.T.].

Este corpo animal jamais a deixara, ela sabia escutá-lo e respeitá-lo, com suas tensões, principalmente no estômago, por vezes ele invadia todo seu corpo... Ela se dera conta que eram necessárias poucas coisas para acalmá-lo, este corpo satisfazia-se rapidamente com os *champignons*, os morangos, as framboesas e algumas raízes escolhidas entre o musgo da floresta.

Ela se lembrava do tempo em que os *champignons* não eram suficientes, eram os homens que ela adorava comer, sugar até a medula, consumir e jogar fora tudo que não era comestível. Ela conhecera o amor voraz, bestial, predador, mas seria isto amor? Um certo amor de viver, sem dúvida; sem este "apetite" nós não poderíamos sobreviver, mas para este tipo de amor tudo é comestível. O ser humano é um alimento dentre os demais? Talvez o seja para a criança pequena que come sua mãe e que, em compensação, tem medo de ser comida por ela. Uma criança pequena é tão deliciosa que "poderíamos comê-la"; às vezes os adultos dizem: "tenho vontade de mordê-la!"

Quando os outros deixaram de ser para Míriam o alimento do qual ela precisava, eles tornaram-se "coisas", objetos com os quais ela gostava de brincar e que na sua suposta inocência ela tinha prazer em manipular. Existem maneiras infantis ou pueris de sedução, às quais, por vezes, é difícil resistir; o outro é rapidamente transformado em um bicho de pelúcia, ou em um cavalinho de madeira com o qual podemos nos "distrair". Míriam "divertira-se" mais tempo do que as outras moças, durante muito tempo ela fora hábil em transformar as assim chamadas "grandes pessoas" em brinquedos dóceis, em marionetes que ela mandava fazer caretas para seu único prazer ou capricho.

Na adolescência, ela descobrira a violência de certas pulsões, não importa qual corpo – homem, mulher, animal, fruta, travesseiro – podia ser utilizado para lhe trazer algum alívio. Seu corpo não "possuía" apenas pulsões, ele era "possuído" por elas.

Algumas pessoas que testemunharam estes acessos de febre lhe predisseram um futuro de "grande amante", tomando cuidado para não esbarrarem neste pequeno animal no cio, sempre pronta a fazer de qualquer outro sua presa. O amor não é a total dependência para com o objeto que amamos? Era isto que ela estava descobrindo com aqueles que não apenas lhe davam prazer, mas também traziam fortes emoções. Foi desta maneira que ela tornou-se uma mulher passional...

Qual é, então, este amor, onde sofremos tanto que fazemos sofrer? É, sem dúvida, necessário estar pouco apaixonado para elogiar a paixão, ou não ter conhecido nada além disso. Assim como o apetite e a pulsão, a paixão nos faz viver em um corpo quase permanentemente "tenso" devido ao medo da falta, o medo de não ter o suficiente, o medo que faz com que todos os "objetos de amor" com os quais pensávamos suprir nossa falta nos escapem.

Este medo tomara nela a forma doentia do ciúme, o medo que o outro nos engane, até mesmo em seus sonhos. Era por esta razão que por vezes ela acordava seus amantes à noite, dizendo: "Com quem você está sonhando? Em quem você está pensando? Eu quero você inteiro para mim, assim como eu sou inteiramente sua... Eu não posso, eu não quero viver sem você..." Eu, eu, eu; na paixão, o outro não existe por si mesmo, ele está ali apenas para "mim". Quanto tempo Míriam amara desta maneira apaixonada, absolutamente possuída e possessiva? Não é este um dos nomes pelos quais nós ainda hoje em dia a chamamos: "Possuída". Possuída por quem, pelo quê? Por qual demônio? Por qual amor?

Possuída por ela mesma, certamente, e também pelo desejo de tudo reduzir e trazer a si? Depois veio o tempo onde seu corpo, tendo esgotado todas as formas de paixão, despertou para um outro desejo. Através dos belos corpos, dos belos rostos ou das belas inteligências, era a própria Beleza, fonte dessas belezas humanas, naturais, fugazes e frágeis, que ela buscara.

Interessavam apenas aqueles homens e mulheres capazes de elevar sua alma, de ensinar-lhe algo, ou, simplesmente, fazê-la sonhar; ela não buscava mais possuir, ela queria instruir-se, deslumbrar-se, admirar, alegrar-se ao invés de fruir. Ela frequentava com maior assiduidade, então, os artistas e os filósofos ao invés dos atletas...

Mas logo seus desejos foram novamente decepcionados. Insaciável, ninguém era belo o suficiente, inteligente o suficiente, brilhante o suficiente para ela. É melhor nos mantermos a distância daqueles que admiramos – aproximar-se deles é descobrir as falhas, os limites, os defeitos daqueles que sonhamos ser sem falhas e sem defeitos...

Todavia, uma vez ela arriscou-se a ser decepcionada e ela o foi durante algum tempo, mas, na ocasião, ela descobriu uma outra forma de amor: o amor que chamamos de amizade. Pela primeira vez ela descobriu que o outro existia por si e para si mesmo, que ele não era um objeto de consumo para seus apetites, um objeto de descarga para suas pulsões, de exaltação para suas emoções e suas paixões ou de devaneio para seu desejo de inteligência e beleza.

O outro era um amigo com o qual podemos compartilhar, trocar, confiar suas dores e alegrias, receber suas confidências e, juntos, encontrar as palavras justas que expressem a Consciência e o Amor que nos habitam...

Terá sido um acaso o fato da amizade lhe ter sido revelada por João – Yohanan –, o discípulo que Yeshua amava? Tanto quanto as relações que ela conhecera com seus amantes tinham sido enérgicas, mas tensas, a relação com seu amigo tinha sido calma, atenta; como seu corpo não era mais assombrado pelo desejo de agradar ou seduzir, ele parecia rejuvenescido... Pouco a pouco a confiança se estabelecera entre eles; o ciúme, que realmente a possuíra, a tinha deixado.

Esta confiança entre amigos é um verdadeiro milagre; não seria ela o amor efêmero e volátil que se transforma em amor durável? Uma luz de orvalho que se transforma em diamante?

Ela conheceu com João algo que ela só conhecera com seu irmão Lázaro: alguém com quem ela não precisava se esconder, usar uma máscara, alguém com quem ela podia conversar sobre tudo e de quem podemos tudo escutar.

Seu irmão de sangue e seu irmão de coração eram, naquela época, os dois maiores amores da sua vida, sua maior felicidade também.

Lázaro e João tinham um ponto em comum: eles não apenas a amavam, ela, Míriam, com muita ternura, com muita paciência!, como eles também amavam um "Outro" que era para ela um Desconhecido.

Lázaro amava a Deus e à Torá, ele lhes dedicava dias inteiros. A Torá era realmente sua "noiva"; suas letras quadradas eram para ele a câmara nupcial onde ele contemplava a invisível Presença.

João, por sua vez, amava a "Torá encarnada", alguém que vivia realmente por dentro e por fora toda a lei de Moisés e o ensinamento dos profetas...

Foi João quem lhe apresentara Yeshua e lhe dera o endereço de Simão, para onde Ele deveria se encaminhar junto com seus discípulos. Todos conhecem a sequência da história...[79]

Míriam lembrava-se frequentemente desta refeição na casa de Simão – a acolhida de Yeshua, sua ternura, suas respostas aos fariseus quando estes criticaram o fato de Ele se deixar tocar por uma "mulher impura" conhecida em toda cidade como uma pecadora.

Ela mantinha-se na presença de um "Todo Outro Amor" que despertava nela um "Todo Outro Amor": um Amor que não julga, que lava, que perdoa, que coloca de pé. Era algo maior do que a amizade de João; um amor no qual ela se aceitava por inteiro, com seus apetites, suas pulsões, suas emoções, suas paixões, seus desejos, seu gosto pela troca e a confiança... Sem esta confiança, ela jamais teria ousado derramar daquela maneira suas lágrimas, seus cabelos, seus perfumes... Todo seu corpo entregue ao Amor, libertado de toda vergonha e de todo medo...

Depois disto, que mais ela poderia fazer além de caminhar com Ele? Entrar no movimento da Vida que se dá através dele, entrar no brilho da Luz que fala nele, compartilhar

....

79 Referência ao Evangelho de Lucas 7,37-38: *"E eis que uma mulher da cidade, uma pecadora, sabendo que Ele estava à mesa em casa do fariseu, levou um vaso de alabastro com unguento. E, estando por detrás, aos seus pés, chorando, começou a regar-lhe os pés com lágrimas, e enxugava-lhos com os cabelos da sua cabeça; e beijava-lhe os pés, e ungia-lhos com o unguento"* [N.T.].

o Amor que Ele encarna, em todas suas dimensões, das mais carnais às mais espirituais, pois nele não havia um fio de cabelo, um membro, uma célula ou um osso que não fossem habitados pelo Amor.

Mas qual Amor?

Junto a Ele, Míriam descobrira que ela, a grande amorosa, continuava sem saber amar. Alguns dirão que Yeshua era para ela um pai, um esposo, um amante, um mestre, um amigo... Ele era muito mais do que isto e todos os rótulos com os quais as pessoas gostariam de qualificar sua relação só poderiam reduzi-la ao "conhecido"... Ora, justamente o que Míriam estava descobrindo junto a Ele era um amor não conhecido, um amor não interessado, um amor silencioso também...

Não apenas Yeshua sabia se calar, com a sua boca, seus pensamentos, seu coração, mas também com o seu corpo. Ele podia permanecer ao seu lado sem nenhuma tensão em seu corpo, e sem dormir. Seu amor era livre não apenas para com o apetite, a pulsão do desejo, mas também para com qualquer forma de expectativa – Ele não era como o amigo que ainda aguarda algo de seu amigo, nem que fosse apenas uma troca...

Este amor "sem expectativa" é difícil de compreender. Contudo, este é o amor que Míriam estava descobrindo na Sainte-Baume; neste claro silêncio do corpo, do coração e do espírito, ela entrava em harmonia com os mundos, os visíveis e os invisíveis, como se estivesse mais leve, seu corpo elevava-se até o Saint Pilon[80], em um céu descoberto, límpido e puro.

....

80 Referência ao cume da Montanha de Sainte-Baume, onde hoje em dia ergue-se uma capela [N.T.].

Mas tanto na Gália quanto na Galileia, Yeshua fazia com que ela descesse rapidamente. "Nosso amor é sem desejo e sem expectativa", dizia Ele, "mas ele não estará completo enquanto um único ser sofrer". Assim, Ele a iniciava à compaixão, à intercessão por todos os seres vivos – não era uma oração pedindo algo em particular, era uma "abertura", alguns dirão um "despedaçamento" de todo seu ser, ela fazia-se "capaz de Tudo" e acolhia em si tudo aquilo que vive e respira.

Ela experimentava nesses momentos um sofrimento desconhecido cujo fundo sem fundo assemelhava-se à alegria, ao louvor. Como as palavras são pobres para falar deste amor! Graça, gratidão: é este amor que "faz girar a terra, o coração humano e as outras estrelas"...

É este amor que, na Sainte-Baume, encarnava-se em seu corpo de mulher. É este amor que fazia ela perder seus limites, que a fazia morrer suavemente enquanto descia do Saint Pilon. Diversos animais a acompanhavam até à orla da floresta. Ela conheceu momentos de estranha harmonia, onde juntos cantavam os anjos e os animais, o céu e a terra.

Míriam, a mulher selvagem, a mulher angélica, mantinha-os juntos em um corpo e um coração libertados de todas as clausuras, de todas as fronteiras...

15
Nascimento no céu e descida à terra

Era um dia de Shabbat. Ela sentiu que, para ela, este era o dia de entrar em um repouso maior. Ela tinha cumprido sua semana de trabalho, ela tinha feito aquilo que ela pudera fazer; não era o que ela tinha sonhado ou previsto, nem aquilo que seus pais ou o seu meio tinham desejado para ela; pouco importa, a Vida tinha sido bem-sucedida em viver nela aquilo que ela tinha a viver.

O Amor tinha conseguido amar nela e ela tinha dado aquilo que ela pudera dar.

A Consciência tinha conseguido descobrir e despertar nela aquilo que ela pudera conhecer.

Ela não tinha nem o desejo nem o medo de morrer, mas ela estava muito presente àquilo que estava prestes a chegar: morrer é reencontrar um país que jamais deixamos... Será que podemos deixar a Realidade? Nem mesmo em sonhos, pois os sonhos fazem parte da realidade.

Para ela, morrer era reencontrar o "Eu Sou" que está sempre presente, aqui e em todos os lugares; era reencontrar Yeshua, que ela jamais deixara desde o dia do seu primeiro encontro.

Morrer era perder os limites que ainda a separavam do Infinito; mas esses limites não mais a separavam – ela já não se encontrava no Infinito?

Era deixar a forma que ainda a separava dele; mas essa forma não mais a separava – não era essa uma forma amada por Ele?, uma forma que pertencia a Ele?

Era libertar-se de tudo aquilo que ainda a separava de "Eu Sou"; mas o que podia ainda separá-la de "Eu Sou" – ela já não tinha se tornado inteiramente "Eu Sou"?

Ela já não estava morta antes de morrer? O que ainda resta de mortal que pode morrer? Sem dúvida, o seu corpo cansado, alguns velhos pensamentos, memórias muito antigas que no seu silêncio e na sua solidão ainda não tinham se esgotado inteiramente.

O que a morte pode nos ensinar que o silêncio e a solidão já não nos tenham ensinado?

Esses últimos trinta anos da sua vida não tinham sido trinta anos de Vida eterna? De vida na Presença daquele que não morre? Aquele que é a "Ressurreição da Vida"? "Ele é, Ele era, Ele virá", YHWH, Yeshua...?

Aliás, a vida na floresta lhe ensinara que a morte era algo natural. Cada outono e cada inverno ela via as plantas e as árvores morrerem. Ela também observava os animais que morrem de uma maneira tão simples e tão discreta; como eles se apagam na Vida que continua... As nuvens também a fascinavam; de onde elas vêm, para onde elas vão? No fim e no início há apenas o céu...

Ela também pensou nos patriarcas que adormeciam "saciados do dia". Cada noite, no momento de adormecer, ela tinha um "antegosto" da morte. Ela depositava ali, na gruta, seu corpo, seus pensamentos, seus desejos, suas vontades, seus sonhos... tudo aquilo que chamávamos de Míriam. Era necessário "deixar", "soltar", "entregar" tudo aquilo para conhecer o descanso no claro silêncio; a pura luz a cujo encontro ela ia durante o sono profundo.

Cada noite nós conhecemos aquilo que conheceremos no momento da morte: a própria essência da Vida, a Vida sem "eu", ou seja, a Vida sem atrações, sem repulsas, sem indiferença; a Vida sem desejos, sem medos, sem pensamentos...

Essa Vida que ela acolhia todas as manhãs e que tomava a forma de Míriam não era mais a Vida "sem eu", mas a Vida "comigo"; a Vida, sempre...

A Escuta e a observação são grandes mestres – não era essa a prática, o exercício proposto por Moshé, Moisés: "*Shemá Israel, Escuta Israel*" e retomado por Yeshua?

Escutar e observar com o coração aquilo que é, não era aprender a amar como Ele amou? Será, então, que deveríamos amar a morte? Sem dúvida, mas não no sentido de desejá-la ou aguardá-la; simplesmente escutar, observar quando ela chegar...

O que acontece quando uma árvore cai? Quando a grama viva é comida pelo boi? Quando o boi é comido pelo leão? Quando o leão é roído pelo urubu? Quando o urubu...

Será que é fácil observar o que acontece quando morremos? São tantas emoções e medos que submergem o observador que ele não se vê mais... No entanto, aquele que tem consciência de que vai morrer não é maior do que aquele que morre? Como pode ser mortal essa Consciência onde o corpo do homem e o corpo do mundo aparecem e desaparecem? Como pode ser mortal essa consciência da morte que chega?

Aqueles que dizem que a consciência depende do cérebro não estão esquecendo de precisar de quê ou de quem depende a vida do cérebro?

Míriam não se colocava todas essas questões, ela ia rumo ao Silêncio, ela entrava no repouso... Ela lembrava-se daquilo que o seu irmão Lázaro lhe tinha dito; ele, que passara três dias no túmulo, ele, que Yeshua havia reanimado: "A morte existe apenas para aquele que vê desaparecer seu amigo diante dos seus olhos, que vê seu corpo se despojar das suas aparências familiares; a morte existe apenas para aqueles que não estão mortos... Como eu poderia escrever sobre aquilo que vivi durante esses três dias? Um dia será preciso fazê-lo..."

Será que era isso que ele estava fazendo neste momento em Massilia?[81] Será que o serviço aos pobres e os ensinamentos aos fiéis lhe deixavam algum tempo para escrever o seu evangelho? Lázaro tinha lhe confiado alguns elementos cujo eco encontraremos mais tarde no Evangelho de Maria, ali onde se fala da viagem da alma e da travessia por esses diferentes "climas" que são resíduos das nossas vidas passadas, mas também memórias que pertencem a nossos ancestrais e a um mundo no qual vivêramos.

Lázaro tinha dito a Míriam:

> Você mesma viverá essa viagem da alma antes de morrer.

---

81 Antigo nome de origem grega da cidade de Marseille ou Marselha [N.T.].

Não fora isso que ela vivera durante esses trinta anos de solidão, essa lenta travessia através de todas as memórias e lembranças, positivas ou negativas, todos esses paraísos e todos esses infernos que ela levara junto com ela para dentro da floresta?

Colocar tudo isso na luz de "Eu Sou": todas as neves suaves ou as geadas violentas, deixar que elas se dissolvam no seu fogo. Agora o espaço da sua consciência e do seu coração estavam limpos, o Silêncio tinha se estabelecido em todo o seu ser, ela estava "nascendo no céu", ela iria encontrar "seu pai e nosso pai" que está nos céus...

Foi no Saint Pilon que ela aprendera a amar "o céu" não apenas como uma metáfora de Deus ou do Real, mas como sua própria realidade. Ela se perguntava com frequência onde o Pai engendrara seu Filho – em Yeshua, mas também nela, pois Ele a tinha acolhido como irmã e como Bem-Amada... Ele tinha precisado: "Meu" Pai e "vosso Pai" – eles tinham, portanto, o mesmo Pai...

Onde ela poderia estar, com Ele, "filha de Deus": "Eu Sou"? Onde o Pai do Céu o engendrara? Não seria no claro silêncio do seu espírito desobstruído de todos os pensamentos? No claro amor do seu coração desobstruído de todo desejo, de toda expectativa? No Sopro tranquilo do seu corpo desobstruído de todas as tensões?

Não seria o céu o claro silêncio, em todo o seu ser? Não era a isso que ela estava nascendo? A essa pura Consciência, a este puro Amor, a esta grande Vida...?

Devemos chamar isso de morrer?

Míriam ainda estava sobre a terra, mas ela já estava "como no céu", era um dia de Shabbat, um dia de repouso, ela mantinha-se no Aberto...

"Eu não estou morrendo", disse ela.

"Eu estou entrando na Vida"...

Fim

A história nos conta que Máximo, secretamente avisado por um anjo ou por um sonho, deixou o vilarejo onde estavam reunidos os discípulos e a Igreja que já contava com um grande número de "iniciados" (batizados). Ele tomou o caminho rumo à gruta e à floresta escuras...

Desde que desaparecera da assembleia, Míriam tinha se tornado um mito, uma santa, um arquétipo, um não sei o quê... Máximo não se esquecera que ela era uma mulher, a primeira testemunha da Ressurreição, o apóstolo dos apóstolos... Uma das fundadoras da Igreja, junto com Tiago, Pedro, João, Tomé e os outros.

Ele queria revê-la, acolher o seu derradeiro suspiro para transmiti-lo a todos aqueles que ela tinha amado e confirmado na sua fé[82].

Quando ele a viu aproximar-se, ele não conseguiu evitar um momento de hesitação e recuo... Ele não tinha dúvidas de que se tratava dela, mas ele não a reconhecia.

Quem se aproximava não era a princesa bem-amada que ele tinha conhecido, mas um animal estranho... uma loba, uma mulher selvagem, coberta pela sua cabeleira como se esta fosse um grosso velo. Ela tinha cheiro de terra e de felino, mas ela também cheirava a uma mistura de lavanda, de loucas ervas, de musgo e de orvalho.

....

82 Cf. *O Evangelho de Maria*. Op. cit.

Ela, que pregara tão bem para a multidão de Massilia, parecia ter perdido o uso das palavras, ela estava visivelmente esgotada, no limite das forças... Ela também parecia ter dificuldade em reconhecer Máximo; apesar de falar com todos através do seu coração, já fazia trinta anos que ela não tinha visto sequer um ser humano... O esplendor do rosto de Máximo fez com que ela pensasse no esplendor do rosto bem-amado, que não tivera tempo de envelhecer... Ela rompeu em soluços, ela que há muito tempo não chorava. Foi dessa maneira que o seu corpo esvaziou-se das últimas águas.

Máximo aproximou-se, deu-lhe o pão e o vinho que ele consagrara para ela...

Ela lembrou-se: "Este é o meu corpo, este é o meu sangue", "Eu Sou" é o pão da vida, o pão que veio do céu e que alimenta em nós a Vida eterna.

Ela abriu a boca que tinha perdido todos os seus dentes, mas guardado o seu sorriso... "Eu Sou" que está sempre aqui e em todo lugar presente, com quem há trinta anos ela vivia no segredo, tornou-se mais sensível e mais ardente em suas entranhas.

A centelha voltara a se unir à sarça ardente... ela expirou suavemente tendo no Sopro o Nome de Yeshua...

Máximo a envolveu com o seu manto e a deitou sobre a grama.

Ele partiu para a aldeia para prevenir seus irmãos, para que eles viessem buscá-la e preparar-lhe uma sepultura digna onde os séculos virão prostrar-se... Em memória dela e daquele que a amou...

Imortal imagem da nossa humanidade selvagem, argila aberta à graça de um Deus...

Conecte-se conosco:

f facebook.com/editoravozes

◉ @editoravozes

𝕏 @editora_vozes

▶ youtube.com/editoravozes

☎ +55 24 2233-9033

www.vozes.com.br

Conheça nossas lojas:

www.livrariavozes.com.br

Belo Horizonte – Brasília – Campinas – Cuiabá – Curitiba
Fortaleza – Juiz de Fora – Petrópolis – Recife – São Paulo

  Vozes de Bolso

EDITORA VOZES LTDA.
Rua Frei Luís, 100 – Centro – Cep 25689-900 – Petrópolis, RJ
Tel.: (24) 2233-9000 – E-mail: vendas@vozes.com.br